AF434521

PEQUEÑOS GIGANTES 2

AHORA ES PERSONAL

BSM Libros

Pequeños gigantes 2 : ahora es personal /
Francisco Godinez Galay ... [et.al.]. - 1a ed. - Buenos Aires : BSM
Libros, 2014.
    270 p. : il. ; 21x15 cm.

    ISBN 978-987-28105-1-1

    1. Humor Argentino. I. Godinez Galay, Francisco
    CDD A867

BSM Libros

Textos: Adrián Desiderato (hijo), Francisco Godinez Galay, Patricio
Gronda, Juan Pablo Álvarez, Jorge Montanari, Marcos Zurita, Juan
Martín Gutiérrez, Andrés Reyes, Alexander Duré, Javier Castro, Ale-
jandro Torre, Mauricio Salvador, Rodrigo Márquez Tizano, Marcelo
Assaf.

Diagramación y tapa: Alexander Duré

Ilustraciones: Razz

Corrección: Patricio Gronda y Juan Pablo Álvarez

Podés encontrar a BSM en:
www.bolasinmanija.com.ar
www.bsmlibros.com.ar
Twitter: @bolasinmanija
Facebook: @bolasinmanija

Para Adrián.
Gracias por este libro.

PRÓLOGO

Podría decirse que este es un libro que reúne los perfiles de una serie de personajes de distintas disciplinas deportivas, pero no. Es más que eso.

Podía decirse que es un libro fantástico que cuenta historias tiernas, conmovedoras e inverosímiles del mundo del deporte vinculado con otros submundos, pero tampoco.

Podría decirse que este libro es sólo un nuevo delirio de la bande del sitio y el programa de radio bolasinmanija, que se burla del periodismo convencial, pero esa sería una caracterización insuficiente.

Podría decirse también que hay en este libro un velado homenaje al Negro Fontanarrosa y al Gordo Osvaldo Soriano que en varios de sus cuentos han navegado por las aguas del deporte remando junto a personajes mitad reales, mitad imaginarios, pero no alcanza.

Podría decirse que es un libro que esconde un profundo contenido político nacional y popular aunque no sólo hable de personajes de estos parajes, pero sería una mirada parcial.

Podrían intentarse otras encasillamientos más, pero ¿para qué? Resultara imposible quedarse con uno.

Este libro vendría a ser, en todo caso, un artístico collage de deporte, sociedad, política, arte, literatura humor y periodismo elaborado con recortes de deshecho (se recuerda a Antonio Berni), prolijas y cuidadas investigaciones, búsqueda de agujas en pajares deportivos y una fina e irónica irónica escritura que le da mucho colorido a cada uno de los capítulos.

Estos son apenas algunos ejemplos sueltos de esos trazos finos con los que se deleita a los lectores: .

El legendario pesista dice que tiene algo importante para contarles a sus padres , que esperan lo peor, hasta que el muchacho dice, "soy halterófilo".

De la atleta cubana Rosie Ruiz, trucha ganadora de una maratón, dicen "una cubana de origen humilde, símbolo del pueblo revolucionario que resiste el asedio yanqui". Y asi como te dicen una cosa te dicen la otra: "una cubana de origen humilde que supo desafiar a tiburones y tifones con tal de llegar al país de las oportunidades", en una fenomenal juego sarcástico del periodismo manipuladora y acomodaticio.

Por el libro desfilan John Lennon dibujando un gol que será tapa de disco, Mary Terán de Weiss, " la oveja negra del deporte blanco"; el ajedrecista Miguel Najdorf jugando con el Che Guevara y batiendo records de partidas a ciegas, los murciélagos jugando partidos luminosos; el asesino de Santa Claus que mató las ilusiones de los pibes que iba a ver ganar a los fabulosos Harlem Globbetrotters; el amigo blanco de Jesse Owens, los heroicos jugadores de Zambia ("Zambia de mi esperanza"); el legendario veterano jugador de pato Dante Spinacci; Matthias Sindelar, el Mozart del fútbol, y la prostituta que enamoró y acompaño a Paulo Valentim por todo el mundo hasta recalar en un asilo de Barracas, entre otros personajes.entrañables.

Pequeños gigantes II es una creación colectiva de Adrián Desiderato (hijo), Francisco Godinez Galay, Patricio Gronda, Juan Pablo Alvarez, Jor-ge Montanari, Marcos Zurita, Juan Martín Gutierrez; los uruguayos Andrés Reyes, Javier Castro y Alejandro Torre y los mexicanos Mauricio Salvador, Rodrigo Márquez Tizano y Marcelo Assaf, todos integrantes de esta aguda, creativa y adorable muchachada que lamentó hace poco tiempo la temprana y absurda muerte de Adrián Desiderato (hijo). El mejor homenaje de ellos es haber publicado este libro. El mejor homenaje nuestro será el de disfrutar de este libro. Yo ya lo hice. Los invito a que se sumen.

Juan José Panno

1. LUZ NEGRO

Marcos Zurita

La historia la conocemos todos. En los Juegos Olímpicos de 1936, la gran vidriera que Hitler pensaba utilizar para poner en evidencia la superioridad aria, James Cleveland Owens ganó cuatro medallas doradas en atletismo. El detalle: era negro.

Cuentan que cuando Goebbels ve a Jesse cruzar primero la línea de meta de los cien metros llanos, le dice a Hitler "Se nota que es ario de alma".

Algunos deben estar pensando: "Te querés matar Hitler, un negro le ganó a tu pollo ario en tu cara". Piensan mal. Y acá viene lo interesante de esta historia: Jesse gana la emblemática carrera de los cien metros precediendo a otro afroamericano, Ralph Metcalfe, mientras que recién en tercer lugar llega un blanquito que, encima, era holandés. Pero, ¿dónde está el alemán? A ver... acá está: Erich Borchmeyer, quinto. ¿Quinto? FRACASO. ZUSAMMENBRUCH.

Otro alto mando nazi se agacha y le dice a Fito: "No pasa nada, ahora en los 200 metros les ganamos, estos se cansan enseguida". Ahí el 1-2 lo hizo Jesse junto a Mack Robinson, otro afroamericano, cuyo hermano Jackie fue el primero de su raza en jugar en la Liga Mayor de Baseball.

"Seguro que cuando llegó a Estados Unidos lo llevaron en andas a ver al presidente" dirán los que se creen el verso de Hollywood. Jajaja, nos reímos de su inocencia cipaya (y hoy no es 28 de diciembre[1]).

Cuenta Owens, en su autobiografía, que en la Alemania nazi no le dio bola a las restricciones y se movió como si nada por la Berlín militarizada. En cambio, cuando regresó a su país tuvo que volver a viajar en los asientos de atrás de los colectivos y a hospedarse en hoteles que aceptaran negros. Para redondear la cosa, Franklin Delano Roosevelt lo ninguneó brutalmente. Estaba de campaña electoral y no quería caerle mal a los estados del sur apareciendo en las fotos con un negro. El voto del KKK vale más que el gesto humano.

Ustedes estarán pensando en este momento: "Se equivocaron de nombre en el título del capítulo". ¡Nein! Jesse Owens tuvo la oportunidad de ser un emblema de la lucha de los afroamericanos contra la opresión blanca, pero no. En 1968, la cagó. La recontra cagó. El Comité Olímpico Internacional le pagó unos dólares para que fuera a convencer a Tommie Smith y John Carlos de no hacer públicas sus ideas políticas en el marco de los Juegos Olímpicos de México. Sin embargo, cuando ganaron las medallas de oro y bronce en los 200 metros, no le dieron bola al Comité Olímpico ni al mensajero. Subieron al podio y levantaron el puño vestido con el guante negro emblema del Black Power y fueron silbados por miles de norteamericanos (incluidos mexicanos)[2]. John Carlos le dijo a Jesse: "Si hubieras hecho las cosas bien en el 36, nosotros no tendríamos que estar haciendo esto". Seguramente Jesse, ya medio de vuelta de todo, se cagó de risa por dentro, pero en ese acto renunció a la gloria[3]. Y a nosotros nos interesa la gloria. Así que volvemos a 1936....

---

[1] Una vez cada 365 días esto ocurrirá de todas maneras.

[2] El australiano Peter Norman fue quien llegó en segundo lugar en esa carrera. Apoyó el gesto de Carlos y Smith en el podio usando una insignia del Proyecto Olímpico para los Derechos Humanos. Como consecuencia de esto, el Comité Australiano lo borró del mapa. Recién en el 2012, seis años después de su muerte, el parlamento dio unas disculpas públicas.

[3] También es fácil hacerse el guapo en el 68, hay que ver qué hacía Carlos en la cancha de Hitler.

Como si los dos sapos de los 100 y 200 metros no fueran suficiente ingesta para el palco nacionalsocialista, Owens está anotado en la prueba de salto en largo. Goebbels tranquiliza al Führer: "Un atleta que es bueno corriendo en las abscisas, no puede ser bueno en las parábolas".

En la fase de clasificación, Owens realiza el primer intento pero el jurado le anula el salto. No hay telebeam ni ojo de águila nazi. Medio sospechoso, pero bueno. Va por el segundo intento y también es anulado por el juez. Owens se la ve venir. Le queda una última chance para no quedar eliminado por tres saltos nulos, que es el fracaso indigno por excelencia.

Mientras está aguardando para su tercer salto, quizás con la esperanza de que su abuelo esclavo se le aparezca a decirle algo, el que se le acerca en realidad es Luz Long, el representante nazi. Sí, la estrella del salto en largo alemán se llamaba Long de apellido: el régimen ahorraba en metáforas. Owens supone que Long se acerca para arrestarlo o darle el pésame, pero el alemán demuestra ser un "ser de luz" y le da un consejo: "No arriesgues tanto, que te lo van a anular de nuevo". Owens le hace caso, salta bien lejos de la línea de falta y clasifica.

Podemos ponernos suspicaces y pensar que en realidad Luz quiso que Owens clasificara para poder derrotarlo en la final, siguiendo una estrategia cínica, y no por nazi bueno o por buen deportista. Adelantemos la historia para ver por qué fue.

En la final, ocurre lo siguiente:

Primer intento: Long salta **7.54**; Owens **7.74**.

Uh.

Segundo intento: Long salta **7.74**; Owens **7.87**.

Si Caruso Lombardi hubiera sido nazi, esta es la parte en que le dice al juez que Owens pisó la línea.

Tercer intento: Long salta **7.84** ; Owens **7.75**.

Cuarto intento: Luz cae a los **7.73** (cortelli). A Owens le cobran foul.

Quinto intento (anteúltimo): Luz salta **7,87** (empata la marca de Owens, Hitler grita: "¡Vamos que lo damos vuelta!", haciendo el gesto universal de agarrar la pelota y salir corriendo a la mitad de cancha). Owens aterriza a los **7.94** metros.

Long no lo puede creer.

Sexto intento (último): las miradas de los nazis apuntan sobre el orgullo del Eje. Long enfrenta el pasillo que lo lleva a la arena. Comienza la carrera y quién sabe lo que pensó Long en ese momento. Casi como cuando el Turco Mohamed tiró la pelota a la mierda en la bombonera para no meterle un gol a su querido Huracán, Long pisa la línea y comete falta. El juez no sabe si cobrarla, pero es evidente. Se acaban los sueños nazis de ganarle a Owens. Jesse ejecuta el último salto y vuelve a superarse, medio sobrando, rompiendo códigos, quebrando la barrera de los 8 metros (8.06).

Luz Long, el negro de alma, corre a felicitar al ganador y sacarse una foto con él.

Así que al final Luz era un súper copado. Pocos años después fue a combatir al frente siciliano, sin aprovecharse del beneficio de los atletas de elite nazi que podían optar por no pelear. En el campo de batalla lo hieren y muere poco después. Cuando la guerra termina, Jesse Owens va a visitar a la familia y dice "Se podrían fundir todas las medallas y copas que gané, y no valdrían nada frente a la amistad de 24 quilates que hice con Luz Long en aquel momento".

Si saltamos otra vez a 1968 y lo vemos siendo un perejil del poder blanco ("el Pelé del atletismo"), cerramos una cinta de Moebius de gloria y vergüenza, arios y negros, abscisas y ordenadas.

No siempre estar en el lugar indicado, en el momento adecuado, funciona.

2. LA MARY

Adrián Desiderato

El tenis ha sido históricamente un deporte de las clases altas, las cuales son capaces de soportar muchas vejaciones, desde permitir que las clases bajas voten hasta incluso tener que pagar impuestos, pero que no toleran, de ninguna manera, que sus símbolos sean profanados.

Mary Terán de Weiss es el nombre que lleva hoy el estadio de tenis del Parque Roca, donde el equipo argentino de Copa Davis hace las veces de local, desplazando al histórico Buenos Aires Lawn Tennis Club. "Hubiera preferido el nombre de alguien que una a los argentinos y no que los desuna", se lamentaba en el 2012 el titular de la Asociación Argentina de Tenis, Arturo Grimaldi. Pero, ¿quién es o, mejor dicho, fue esta señora?

La pequeña María Luisa Beatriz Terán empezó a jugar al tenis cuando era niña en el Rowing Club de Rosario, prestigioso club de la ciudad en el que su padre trabajaba en el buffet. Debieron haber sospechado en ese momento que algo no andaría bien en la relación de esta joven con el tenis, no tanto porque su padre fuera el bufetero del club, sino más bien porque jugaba con un pedazo de madera arrancado del parquet de su casa.

El hecho es que, al parecer, y a pesar de su sangre roja, Mary aprendió a jugar bastante bien y comenzó a destacarse cada vez más dentro del deporte blanco. Para 1941, era la tenista número uno del país. También para ese momento había conocido a Haroldo Weiss, tenista como ella, capitán argentino de la Copa Davis (según la página oficial de dicha competencia, ostenta un récord de dos derrotas, en una serie de 1948 contra Bélgica en Bruselas) e hijo de Víctor Weiss, autor del último gol de la historia futbolística del Alumni Athletic Club.

Ya con el "de Weiss" incorporado, volvería a ser la mejor del país también en los años 44, 46, 47 y 48. Su dominio era absoluto. Pero por esos años, Mary había ido cometiendo un terrible pecado dentro del pequeño y elitista mundo tenis: había comenzado a acercarse al no muy bien visto por la oligarquía mundo Perón.

Recibió apoyo económico estatal durante la presidencia del general, lo que le permitió salir a competir en el exterior, donde llegó a estar entre las mejores del mundo. Disputó diez veces Wimbledon entre 1948 y 1959, ganando la Copa de Plata de dicho torneo; en 1948 alcanzó los cuartos de final de Roland Garros; y en los Juegos Panamericanos de 1951 disputados en Argentina ganó las medallas de oro en single y dobles. Nunca antes una tenista argentina se había destacado en el exterior y no muchas lo harían después.

Pero en forma paralela a sus éxitos deportivos, realizó también actividades que tenían que ver con su cercanía al peronismo. Fue asesora deportiva de la Ciudad de Buenos Aires, jefa de los campos deportivos municipales y participó en el Ateneo Deportivo Eva Perón. Desde ese lugar intentó popularizar el deporte de las clases privilegiadas para que lo practiquen todas las clases, especialmente niños y mujeres. No sólo eso, sino que el apoyo económico para que lo jueguen quienes no tenían recursos provenía de la Fundación Eva Perón. Hasta Martín Vassallo Argüello se hubiera desmayado del horror en esa época.

Aparentemente era también atractiva y su vestimenta en los courts era un tanto sugerente para la época, por lo que luego del año 1952, en el que fallecen tanto su marido como Evita, se llegó a rumorear un affaire con Perón e incluso que él le había propuesto casamiento. El general lo negó, aunque se lo notó un tanto nervioso cuando declaró titubeante: "No, para nada, la única realidad es la verdad... o bueno, algo así, ahora no recuerdo cómo era mi frase...".

Pero para la oligarquía, la venganza es un plato que se come frío, como el sushi, y con la llegada de la mal llamada Revolución Libertadora, que derrocó a Perón en 1955, a Mary se le prohibió competir en (y para) el país, por lo que tuvo que exiliarse a España para continuar con su carrera.

Lo peor fue a su regreso, cuando ya durante el gobierno de Arturo Frondizi, la proscripción se la propiciaron sus propios pares y colegas, negándose a jugar frente a ella. Sólo el club River Plate la aceptó para competir entre sus filas pese a la oposición del mundo del tenis, hasta que finalmente decidió retirarse de la actividad.

Es mentira que el deporte une lo que la política desune. Aun exitosa, Mary fue primero prohibida y luego ignorada (por lo menos hasta estos últimos años), como si no hubiera existido. De hecho, en la página oficial de Wimbledon, su historial figura con la bandera española.

Hoy se la reconoce pese a no haber sido la figura más ganadora de la historia del tenis argentino. Fue la oveja negra del deporte blanco, la primera gran tenista argentina, la mejor hasta la llegada de Gabriela Sabatini. Pero su orgullo, más allá de los resultados, es haber roto el molde y haber intentado popularizar un deporte apropiado por una elite que tiende a ver la práctica de determinados deportes como una propiedad privada más (y si hay algo con lo que no les gusta que se joda a estas clases es con la propiedad privada, sobre todo cuando es de ellos y aunque no puedan explicar legalmente cómo la obtuvieron).

Terminó con su vida a los 66 años, arrojándose desde un séptimo piso. No fue en Punta del Este sino en la grasada de Mar del Plata.

3. UNA CHILENA ME ESPERA

Francisco Godinez Galay

La chilena es una jugada de las más espectaculares del fútbol, a la vez que un recurso bastante efectivo: de conectar el balón en el aire, la fuerza con la que sale, junto con la sorpresa, la hacen una carta muy útil a la hora de buscar avanzar en el campo de juego (aunque en este caso se avance hacia atrás).

Pero no siempre existió. Como tantos otros recursos, se fueron inventando (o mejor dicho, descubriendo) con el correr de la especialización.

Cuando pensamos en su origen nos remitimos al país hermano de Chile. Rápidamente decimos "ah, es una jugada inventada por un chileno... de ahí su nombre". Pero si pensamos un poco más, ¿qué chileno le pondría "chilena" a algo? El apodo de Ernesto Guevara no fue puesto por un coterráneo: ningún argentino le pondría Che a un argentino; para los argentinos ser argentino no es una característica particular. Nadie se apodaría Tano si nació y vive en Italia. Ni Vasco si nació y vive en Euskal Herria.

Y hablando de vascos...

Ramón Unzaga Asla nació en Bilbao, España, en 1894. Emigró a Chile en su preadolescencia junto a su familia, adoptando como propia a Talcahuano, ciudad satélite de Concepción. Allí estudió con-tabilidad. Luego entró a trabajar como contador a las minas de carbón de Schwager en Coronel[1]. La podredumbre mental que le ocasionaba trabajar con números lo volvió un gran aficionado al deporte. Nadó, jugó waterpo-lo, corrió 100 metros, 110 metros con vallas, saltó en alto, saltó en largo y saltó con garrocha. Y ganó premios en todas las disciplinas. Pero eran solo formas de buscar y buscar el locker que el destino le tenía guardado en los archivos de la gloria.

Al tipo le gustó el fútbol y empezó a jugar como parte del equipo de la mina Schwager. Parece que era bueno porque en 1912 jugaron contra la selección de Talcahuano y los rivales quedaron tan impresionados que lo invitaron a formar parte. Ya en Talcahuano juega en el club amateur Estrella de Mar, y en el seleccionado local apodado *Escuela Chorera*. Ya tenía 18 años y tramitó su nacionalidad chilena, *just in case*, como se decía por ese entonces en países de habla inglesa.

Dicen que en 1914 sucedió por primera vez. Todos dicen haber estado en el estadio del Morro de Talcahuano cuando el vasco apodado "Coño" vio el balón flotando por los aires y decidió, mientras el rival se preparaba para saltar y cabecearlo y todos esperaban que Unzaga hiciera lo mismo, ensayar una cabriola digna de un deportista acostumbrado a practicar las distintas formas del salto olímpico. Se acuesta en el aire para dormir la siesta de Zeus. La caprichosa es domesticada de golpe ante la atónita mirada de los espectadores que se preguntan si eso está permitido, ya no por el reglamento, sino incluso por la moral y la religión. Ese instante mágico, reservado para los creativos, sería un antes y un después en la historia del fútbol.

El nombre que se le puso a esa fantástica jugada fue "la chorera", por ser la Escuela Chorera el pequeño gigante en el que se dio el primer registro

---

[1] La palabra Schwager nos remite el fútbol. Las minas de Federico Schwager en Coronel se fusionaron con las minas de Lota, dando lugar a la empresa minera Lota-Schwager, hoy el nombre de un equipo de fútbol de Chile.

de una jugada de esta índole. La volvió a practicar en repetidas ocasiones. Y tanta confusión generaba, que alguna vez un referí le cobró falta, lo que provocó la exasperación de Unzaga, que citando jurisprudencia al respecto, le afirmaba que muchos árbitros ya se la habían permitido. Las quejas provocaron su expulsión y la posterior pelea a golpes entre el juez y el jugador al costado de la cancha, donde se arreglan las diferencias.

En 1916, ese vasco bonachón pero de mal genio, que había llegado al sur del mundo con una mano a la izquierda y otra a la derecha, fue convocado a integrar el seleccionado chileno para el campeonato sudamericano disputado en Argentina. Allí practicó varias veces "la chorera" sorprendiendo a propios y extraños. En 1920 volvió a formar parte del plantel chileno para el campeonato sudamericano, que en esa ocasión sería disputado en el país con mucho largo y poco ancho. La sede fue Viña del Mar, porque aún no había estadios en Santiago. Y en ese campeonato la selección chilena vistió por primera vez su ya clásica casaca roja.

Es allí cuando "la chorera" pasa a ser "la chilenita". Y el invento, señoras y señores, es argentino. Fue la prensa "che", fascinada con esta innovación, la que comenzó a publicar crónicas llamándola como hoy la conocemos. Así, empezó a trascender.

Pero si de trascender hablamos, hay otro personaje importante en la difusión de la chilena, muchas veces ninguneado por la historia. Si bien Unzaga descubrió esta jugada y la utilizó muchas veces, fue el chileno David Arellano, de Colo Colo quien, por realizar este recurso en un campeonato en España en 1927, fue un eslabón fundamental para la globalización de la chilena. Recién allí comenzó a conocerse e intentarse en Europa. A otros países llegó muy tarde y conocida como "bicicleta", pero años y hasta décadas después de su verdadero origen (años 30 en Brasil, años 50 en Italia).

Tenemos que hacer un parate y señalar que la invención de la "chorera" es otra polémica que enfrenta a chilenos y peruanos por los inventos. Una teoría poco aceptada indica que la jugada ya era practicada en Callao, puerto de Lima, desde fines del siglo XIX, en encuentros entre ingleses y peruanos.

Allí se la llamó "chalaca". Y hay quienes creen que los chilenos la vieron allí y la copiaron. Si bien de esta versión hay pocas pruebas, no debemos desestimar que "inventos" chilenos como el pisco o las chorrillanas deben su nombre a ciudades peruanas (Pisco y Chorrillos), entre otros. Pero sigamos adelante.

La chilena no fue la única jugada que inventó Unzaga. Era conocido por usar sus conocimientos atléticos en salto para una jugada tan espectacular como irrepetible. De hecho, no trascendió porque nadie más que él pudo volver a hacerla. Se trataba de saltar al rival para anticiparlo, pasando una pierna por un costado y la otra por el otro de la humanidad del contrario.

El vasco-chileno logró lo que muchos intentan: innovar y transformar algo para siempre. Y es así que tiene ganado su humilde lugar en la historia. En 1942 se fundó en Talcahuano un club con su nombre, y el estadio donde ejecutó aquella primera chorera, hoy se llama Ramón Unzaga. En ese lugar, en 2014, para celebrar los cien años de la jugada, se inauguró una estatua del jugador realizando la magnífica acrobacia.

Ah, y a pesar de ser una figura que estaba en boca de todos, ser seleccionado y obtener constantes ofertas de clubes profesionales de Chile y del exterior, nunca abandonó el amateur Estrella de Mar, resignando dinero para no resignar pasión.

Murió de un paro cardíaco apenas a los 29 años.

4. ESPERANDO LA CARRETILLA

Patricio Gronda

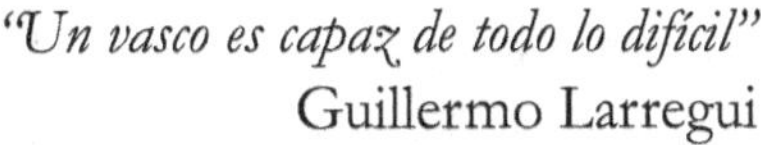

"Un vasco es capaz de todo lo difícil"
Guillermo Larregui

En otro capítulo de esta obra que usted tiene en sus manos, nos damos el gusto de hablar de Albizurí Handía, gran piedra protagonista de los deportes vascos tradicionales; deportes basados muchas veces en las actividades rurales y trabajos diarios que se llevaban a cabo en los pueblos. Podemos encontrar entonces entre ellos el aizkolari (corte de troncos), la dema (arrastre de piedras de construcción), las txinga erute (carga de pesos en cada mano, representando las vasijas que llevaban las lecheras al mercado) y, por supuesto, el harri jakoseta, el levantamiento de piedras del cual hablamos en más detalle y con mucha más propiedad en ese capítulo ya mencionado.

Lo que nos interesa en este momento no es un deporte en el sentido tradicional, una competencia lúdica con un reglamento establecido, pero comparte con los deportes vascos mencionados su naturalidad casi frugal. Es un combate entre un hombre y las dificultades de una tarea innecesaria y hasta dañina para el propio organismo, ayudado tan solo por su habilidad, fuerzas y, principalmente, tozudez. ¿Y qué son los deportes sino actividades inútiles, antinaturales y riesgosas pero que nos hacen absolutamente felices? Es por eso que ahora hablaremos de Guillermo Isidoro Larregui Ugarte, el vasco de la carretilla.

Nuestro protagonista nació en Pamplona (Iruña en euskera) un 27 de noviembre de 1885 (día considerado el mejor 27 de noviembre de ese año). Pamplona se encuentra en la Cuenca de Pamplona y actualmente es una ciudad que se extiende a ambos lados del río Arga y está cruzada por otros dos ríos, el Elorz y el Sadar. Es la capital de la Comunidad Foral de Navarra y es famosa por los San Fermines. En la época de la que hablamos recién estaba comenzando su expansión territorial fuerte y todavía se concentraba en un espacio reducido. Es parte del País Vasco y sigue buscando independizarse de España al momento de escribirse estas letras. No se sabe (o sí, pero no nos fijamos) cómo llegó a darle nombre a un tradicional plato uruguayo (aunque es posible que, en realidad, el plato uruguayo le haya dado el nombre a la ciudad, pero nos parece ciertamente más improbable).

De esta ciudad llegó Guillermo a Buenos Aires en 1900. La vida lo iba a tener rodando de un lado para otro, realizando todo tipo de pequeños trabajos y ganándose el pan como podía, tal vez de la forma en que él mismo lo quiso, enamorado como estaba de los viajes y los caminos por las largas horas de lectura de novelas de aventuras de Julio Verne y Emilio Salgari, que eran el cine de superproducción de los años de su infancia. Por eso es que durante la primera parte de la década del 30 se encontraba trabajando como peón para una compañía petrolera norteamericana en el sur más sur de la Patagonia, más precisamente en Santa Cruz.

Fue allí que tuvo lugar una reunión que le cambió la vida. Entre mate y mate, al lado de un fogón compañero y con el mal clima haciendo que uno sea más amigo de los amigos, las discusiones vivaces tienen lugar y pueden llevar a los caminos más inesperados. La mente se libera cuando está con quienes la pueden acompañar a recorrer rutas sin destino fijo. Las historias se cruzan y aquel que a la mañana bajó a un gato de un árbol se convierte en el domador de la bestia de Nemea; el que con suerte puede levantarse a la mañana, cargó trescientos kilos sobre su espalda, sin transpirar; y tal vez, sólo tal vez, ante la discusión de récords deportivos alguien asegure que puede caminar de Santa Cruz hasta Buenos Aires llevando una carretilla.

"Todos se rieron y lo tomaron para la farra, diciéndole que, por lo mentiroso, él era más andaluz que vasco, y que les extrañaba mucho, porque nunca habían visto un andaluz trabajador ni un vasco mentiroso"
Asencio Abeijón – Diario El Chubut

Cuando Larregui aseguró que podía cruzar toda la Patagonia y llegar hasta Buenos Aires, sus compañeros, aún sin tomárselo en serio, no pudieron hacer otra cosa que alcanzarle una carretilla. No sería la que iba a usar, sin embargo: junto con un amigo preparó una especial para la travesía con una robusta caja de madera y un rulemán que, según sus propias palabras, se clavaba en el barro cada vez que caían dos gotas (no queda muy clara la utilidad de esto, así que es posible que haya sido un error de ingeniería). En ella puso todas sus pertenencias, su casa toda, y una carpa para los momentos en que ya no pudiera caminar más[1].

El 25 de marzo de 1935 Larregui y sus amigos se vieron las caras por última vez. Si bien la hazaña estaba dedicada a ellos, no se volverían a encontrar. Partió el vasco con su carretilla desde Santa Cruz y recorrió los caminos de Argentina en dirección norte (suponemos que cambiando de dirección cada tanto para esquivar obstáculos) durante catorce meses, viviendo de lo que podía conseguir y de lo que le acercaba la gente que sabía lo que estaba haciendo. Fue especialmente importante para su supervivencia la comunidad vasca, siempre generosa con uno de los suyos que estaba tratando de lograr una hazaña histórica.

Tres mil doscientos kilómetros tuvo que caminar para llegar a la Capital gastando nada más y nada menos que treinta y un pares de alpargatas. Fue

---

[1] Esta carretilla se encuentra aun hoy en el Museo del Transporte de Luján, a pasitos del Papamóvil, del hidroavión Plus Ultra y de la locomotora La Porteña. Vale dar crédito a que fue una visita a este museo la que generó la escritura de este capítulo.

recibido el 24 de mayo de 1936 por una multitud que lo esperaba para cubrirle de flores la carretilla. Y al día siguiente fue con su carretilla a la Plaza de Mayo, donde se celebraba el aniversario de la Revolución. Allí, emocionado, dejó todas sus flores al lado de la Pirámide de Mayo. Había logrado su primera proeza y la felicidad que esto le ocasionaba lo impulsó a ir por más.

"Vivir el ritmo oculto de los campos abiertos llenos de sol. La emoción de la tierra argentina, llena de generosidades. He aquí mi objetivo"
Guillermo Larregui

Tres viajes más realizó Larregui con su carretilla. El segundo fue en 1943 cuando viajó desde Coronel Pringles (provincia de Buenos Aires) hasta la La Paz (Bolivia); su tercer viaje lo encontró caminando entre Villa María (Córdoba) y Santiago de Chile (... Chile). Finalmente, su cuarto y último recorrido lo llevó de Trenque Lauquen (provincia de Buenos Aires) hasta el Parque Nacional Iguazú, en Misiones. En total, recorrió más de 22000 kilómetros, cruzando el país a lo ancho y a lo largo, viendo todo lo que la naturaleza le podía ofrecer y llevando un poco de Santa Cruz a Misiones y un poco de Córdoba a La Paz.

No hubo apuesta por dinero ni por ningún tipo de producto material. Lo único que hubo fue una palabra puesta en juego, una aseveración que tenía que ser convertida en realidad y el sueño de aventura que lo impulsa. Hubo un hombre que decidió que podía hacer algo y lo hizo. Hay pocas cosas más valiosas que esa.

"Nadie me podrá quitar la dicha de ser dueño de mi propio destino".
Guillermo Larregui

5. EL ASESINO DE SANTA CLAUS

Juan Pablo Álvarez

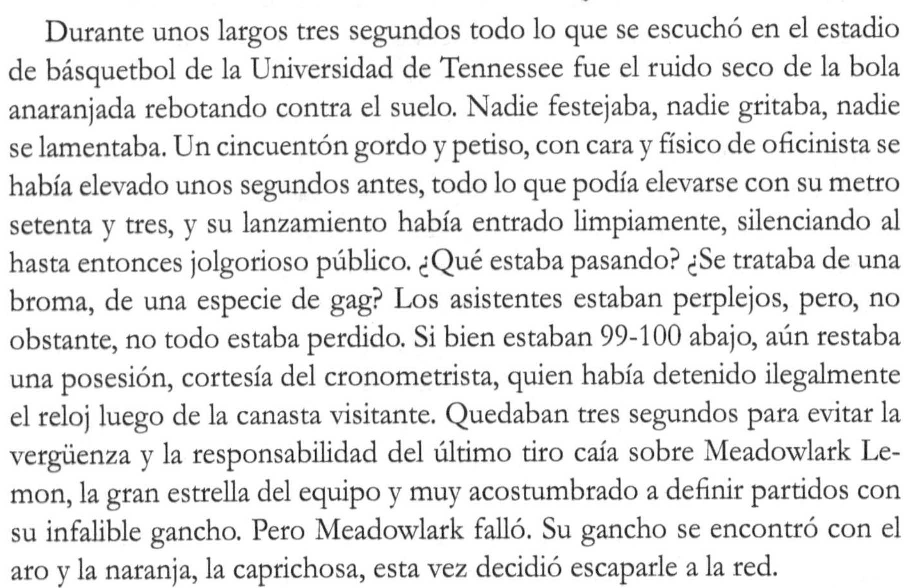

Durante unos largos tres segundos todo lo que se escuchó en el estadio de básquetbol de la Universidad de Tennessee fue el ruido seco de la bola anaranjada rebotando contra el suelo. Nadie festejaba, nadie gritaba, nadie se lamentaba. Un cincuentón gordo y petiso, con cara y físico de oficinista se había elevado unos segundos antes, todo lo que podía elevarse con su metro setenta y tres, y su lanzamiento había entrado limpiamente, silenciando al hasta entonces jolgorioso público. ¿Qué estaba pasando? ¿Se trataba de una broma, de una especie de gag? Los asistentes estaban perplejos, pero, no obstante, no todo estaba perdido. Si bien estaban 99-100 abajo, aún restaba una posesión, cortesía del cronometrista, quien había detenido ilegalmente el reloj luego de la canasta visitante. Quedaban tres segundos para evitar la vergüenza y la responsabilidad del último tiro caía sobre Meadowlark Lemon, la gran estrella del equipo y muy acostumbrado a definir partidos con su infalible gancho. Pero Meadowlark falló. Su gancho se encontró con el aro y la naranja, la caprichosa, esta vez decidió escaparle a la red.

A los locales les gustaba estirar las reglas impunemente, amparados en el favoritismo del público y de las autoridades, pero esta vez no había vuelta atrás. Mientras los espectadores intentaban comprender lo sucedido, el tablero electrónico anunciaba impiadoso el surrealista score que cortaba un invicto de casi 10 años y más de 1000 partidos frente al clásico rival: Harlem Globetrotters 99 - Washington Generals 100.

El autor de esa canasta histórica se llamaba Red Klotz y fue, según la época, jugador y/o coach y/o manager de los Washington Generals durante más de sesenta años. Abe Saperstein, el dueño original de los Globetrotters, lo vio jugar para un equipo de la American Basketball League (una suerte de protoNBA), los Philadelphia Sphas, en 1952 y decidió que era lo suficientemente bueno para jugar de manera permanente contra los Globetrotters. Al principio Klotz giró con los Sphas como adversarios regulares y jugaban completamente en serio. Pero al poco tiempo los Sphas fueron reinventados como los Washington Generals (en honor a Dwight Eisenhower) y lo competitivo fue cediendo terreno al show de básquet y bufonadas que todos conocemos. Los Generals hicieron tan bien su trabajo que enseguida se convirtieron en un ícono pop de lo loser en la cultura americana. No era sólo que perdieran: también era cómo perdían, el estilo soso, aburrido y pseudoprofesional con el que se presentaban noche a noche para sucumbir en el tanteador. Sus camisetas de triste verde claro, carente de cualquier esmero en el diseño, sus físicos blancos y poco intimidantes, lo en serio que jugaban al básquet cada vez que tenían el balón. Todo hacía que fuera tan deprimente verlos perder el balón como encestarlo. Los Generals estaban tan maravillosamente diseñados para perder que hasta su propio escudo los mostraba superados por un Globetrotter gigante. Más allá de esto, y a pesar de lo que podría indicar el sentido común, Red Klotz afirmaba cada vez que podía que los Washington Generals nunca fueron a menos, que cada partido se tomó con mentalidad ganadora, que nunca nadie les pidió que perdieran adrede y que él tampoco lo hubiese permitido.

Klotz no era un viejo senil (mucho menos cuando comenzó con esto, a sus treinta y pico de años) y siempre supo que lo importante era que el público abandonara el recinto con una gran sonrisa. Pero también sabía que, para que esto funcionara, los Generals tenían que jugar en serio, al menos la mitad del tiempo. Cuando poseían la bola gozaban de bastante libertad para mostrar sus habilidades y encestar; pero claro, cuando la tenían los Globetrotters tenían que seguirles la corriente y soportar las bajadas de pantalones, los virtuosismos obscenos, la flexibilidad reglamentaria (prácticamente todos los trucos de los Globetrotters se basan en alguna violación del reglamento).

Sin embargo Klotz no siempre fue el alma máter de un equipo de perdedores. Antes de comprar a los Philadelphia Sphas y transformarlos en los Washington Generals, había sido un talentoso jugador universitario y a pesar de su baja estatura llegó a la NBA, más precisamente a los Baltimore Bullets, donde colaboró como suplente en lo que sería a la postre una temporada exitosa. Sí, exitosa, porque Klotz, el artífice de los Washington Generals y tercer jugador más bajo de la historia de la NBA, tiene un anillo de campeón con los Bullets, uno más que Patrick Ewing o Reggie Miller, por ejemplo. Pero más allá de esas glorias juveniles, una vez que tomó el mando de los Washington Generals, Klotz comprendió rápidamente que su nuevo trabajo era otro: ser el fiel partenaire de los Globetrotters ("Abbott tenía a Costello, los Trotters nos tienen a nosotros", solía decir). Los Generals acompañaron a los Trotters en sus giras por los lugares y circunstancias más impensados y Klotz pudo contarle a sus nietos de, por ejemplo, aquella vez que perdió en una cárcel, o de aquella otra en que perdió en un portaaviones, o de cuando perdió jugando en una plaza de toros y ni que hablar de cuando perdió en un refugio para leprosos o ante la vista de un papa, o de Eva Perón o de otro papa diferente. Las anécdotas son miles porque Klotz se la pasó perdiendo a través de nuestro planeta, con derrotas en 50 estados y 117 países. Pero aún así, Klotz una vez ganó.

Nadie sabe con certeza qué ocurrió aquella extraña jornada de agosto de 1971, pero los que estuvieron y conocían el show advirtieron ya desde el inicio que había algo raro en el comportamiento de los Trotters; parecían apagados y mostraban su repertorio sólo en cuentagotas. ¿Sería a causa de una disputa gremial? ¿O simplemente el sopor generado por una rutina tan extendida? Además de estas cuestiones internas de los Trotters, otro elemento clave fue que el encargado del cronómetro lo administró casi como si fuese un partido en serio, omitiendo detener el reloj en muchos ataques, lo cual no implicó penalización para los Globetrotters, claro está, pero sí la alteración de la rutina. El chico del cronómetro pecó quizás por inexperiencia, aunque algunos señalan con malicia que su nombre era Chuck Klotz.

Por la razón que fuere, los Trotters siguieron jugando a media máquina hasta que faltando dos minutos se sorprendieron al ver que estaban doce puntos abajo. A partir de allí iba a ocurrir algo extraordinario: los Harlem Globetrotters, durante dos minutos, y quizás por única vez en la historia, tuvieron que jugar en serio. En ese lapso, y como era de esperarse, los Generals sólo presentaron resistencia formal y la distancia no tardó en acortarse; sin embargo, otra vez el problema fue el tiempo, que no se detuvo con suficiente insistencia. Con los Globetrotters arriba sólo por un punto, restaban diez segundos por jugar y la posesión era para los Generals. Sobre lo que ocurrió en esos últimos segundos también hay algunas preguntas: ¿por qué Klotz decidió tomar el último tiro cuando ya era un fofo cincuentón? La mayoría cree que Klotz lo hizo para quitarle a sus jugadores la pesada carga de decidir si errar a propósito y fallar a la ética del grupo o encestar y enfrentar una probable reprimenda de los dueños del circo. Klotz se encargó del problema tomando el balón y encestando aquel doble mítico que derrotó a los Globetrotters. También existe un pequeño debate al respecto: ¿quiso Klotz realmente encestar? Si decidía errar adrede no podía hacerlo de un modo grosero, al menos la bola tenía que tocar el aro, por lo que algunos sostienen que probablemente Klotz tiró a errar por poco y falló, encestando. Klotz asegura que nunca en su vida fue a menos y de una manera retorcida es posible creerle. Luego de esa canasta llegó el fallo de Meadowlark Lemon y el fin de esa extraña jornada encontró a los Generals como ganadores. Klotz recuerda cómo fue el ambiente después de semejante hazaña: "Fue terrible. Nos abuchearon durante quince minutos. Muchos niños lloraban, fue como matar a Santa Claus". Los Globetrotters escondieron durante un tiempo este resultado hasta que lo comenzaron a incluir oficialmente en el historial del equipo, quizás por descubrir el potencial comercial de mostrar que no eran imbatibles. De ahí en más, todo siguió igual: los Trotters ganaron todos los partidos durante los siguientes cuarenta años excepto por uno, en 1984, que no se cuenta por ser considerado una exhibición (sí, una justificación absolutamente ridícula).

Una de las grandes ironías aún no reveladas en este texto es que aquel partido histórico no fue ganado realmente por los Washington Generals sino por un equipo llamado New Jersey Reds, que en realidad eran los mismos Generals que cambiaban su nombre e indumentaria para aparentar que los Trotters jugaban contra varios equipos diferentes. Se trataba, sin embargo, siempre de Klotz y sus secuaces, que eran, en esencia, los Washington Generals y a esa denominación se atribuye la victoria.

Hoy Klotz está muerto y por lo tanto retirado, así como su casaca número 2 de los Washington Generals, pero vivió feliz y pasó sus últimos días recordando con alegría no sólo aquella gran victoria sino las miles de derrotas que llevaron alegría a niños, grandes, Evitas y papas de todo el mundo. Algo está claro y es que a Red nunca le preocupó su récord de 13.000 derrotas como entrenador (las últimas 7.968 de manera consecutiva), porque, como le encantaba resumir, "todo el mundo pierde. Nosotros simplemente perdemos más". La historia de aquella impensada y probablemente involuntaria victoria demuestra que aún quienes solo existen para perder algún día pueden ganar.

6. EL CERVANTES URUGUAYO

Javier Castro

Viajemos en el tiempo y trasladémonos a principios de los años 40, a la ciudad reina del Río de la Plata: Montevideo. Era la Segunda Guerra Mundial y los alemanes decidieron poner a Uruguay en el mapa suicidando a su acorazado estrella en el puerto de esta ciudad. Además de este hecho anecdótico, en las canchas del fútbol uruguayo se estaba esculpiendo la generación de futbolistas que iba a conseguir la hazaña jamás igualada de la historia del fútbol: el Maracanazo (no me vengan con los siete goles de Alemania, no había ni un Fred ni un Hulk en 1950). A su vez, otro deporte empezaba a ganar más y más adeptos: el básquetbol. Con una identificación barrial que el fútbol no pudo lograr jamás, culpa de esos monstruos sagrados y maléficos que son Nacional y Peñarol, el básquet se jugaba en todos los barrios de la ciudad. En las canchas abiertas, con pisos de bitumen y tableros de madera se estaban forjando grandes campeones que lograrían dos bronces en los Juegos Olímpico de Helsinki y Melbourne. También estaban capacitados para dar un Lunaparkazo en el mundial de 1950 en Argentina, pero Uruguay no concurrió por un problema diplomático que inició el presidente Luis Batlle Berres cuando le dijo "reputadísima" a Evita al conocerla, lo que causó la ira del General Perón. Pero volvamos al básquet.

Como todos los deportes, el básquet comenzó siendo practicado por las elites extranjerizantes (los hipsters de los años 20 que escuchaban a Josephine Baker y les gustaba el cine de Eisenstein) hasta que fue cooptado por los desclasados (planchas que bailaban tangos al ritmo del facón). Recordemos que el básquet era un deporte completamente distinto al que podemos ver en nuestros días. Los resultados de la época, con marcadores bajísimos, no se debían a un mal desempeño de los jugadores. Era un deporte más estático, sin triples y sin reloj de posesión. Un equipo podía tener la pelota todo el tiempo que quisiera sin necesidad de tirar al aro. Los uruguayos eran especialistas en la retención del balón, eran el sueño de los Guardiola del básquet. Las autoridades vieron que esto se estaba pareciendo mucho al fútbol, donde se puede ganar un mundial sin siquiera patear al arco, y decidieron darle un lapso de tiempo a un equipo para que anotara, haciendo del básquet el deporte perfecto y matando el toqueteo intrascendente de balón uruguayo.

El protagonista de esta historia, Gualberto Rodríguez, jugó en uno de los primeros equipos cuya hinchada "vestía gorros con viseras" como decía una crónica de la época: Club Atlético Aguada. Acreedor del primer tetracampeonato, Aguada se posicionó como uno de los cuadros más populares. Después de dominar el primer lustro de la década del 40, Aguada se rearma y va con todo por el título del año 1948.

Gualberto, o "Beto" como le gustaba que lo llamaran, había hecho todas las juveniles en Aguada, saliendo campeón en varias categorías. Era un perimetral veloz, con un tiro de gancho con la mano zurda mortífero. También se destacaba por una tenacidad imponente cuando había que marcar al mejor del equipo rival. Jugó desde el año 1947 hasta 1962 con la camiseta de Aguada. Con un promedio de casi 10 puntos por partido y jugando siempre de titular en la campaña del título del 48, supo desplegar su elegancia por todas las canchas de Montevideo, incluido el Estadio Centenario, que tenía una cancha de básquet a los pies de la Tribuna Olímpica. Su calidad inigualable lo llevó a definir un partido frente a Trouville con un doble desde la mitad de la cancha y también, ya en sus épocas de veterano, a marcar como un perro de caza a los rivales cuando una Aguada en decadencia peleaba para escaparle a la fatídica del descenso.

Durante prácticamente 15 años, Aguada salía a la cancha con cinco hombres dispuestos a dejar la piel por una victoria, con diez piernas que corrían en busca de la gloria y con nueve manos que ofendían el aro rival y defendían el propio con una devoción absoluta. Y no estamos ante un error de tipeo: eran nueve manos, pues Gualberto Rodríguez, "Beto", cuando vino al mundo, lo hizo sin su mano derecha. Se ayudaba con el muñón de su mano diestra para después sacar sus espectaculares ganchos de mano zurda. Cuando marcaba, el rival de turno siempre sentía los golpes secos y duros entre las costillas producto de esa mano que nunca llegó a ser tal. "Beto", que después pasó a ser "El manco", fue un ejemplo de superación inigualable. Porque es verdad que Cervantes, "El manco de Lepanto", escribió "El Quijote de la Mancha" (siempre se está a tiempo de aprender a escribir con la otra mano), y que Van Gogh pintó con una oreja de menos. También están los casos de Pelé y Maradona, genios que carecían de dignidad e inteligencia. Más acá en el tiempo tenemos a Oscar Pistorius, el muchacho que con sus piernas de fibra de carbono tanto te corre los 400 metros como le dispara unos cuantos balazos a su novia. Pero esto es básquet y Gualberto Rodríguez, "El manco", salió campeón del Uruguay siendo titular y figura dando una mano de ventaja. Famoso en Brasil después de una gira con Aguada, se ganó los titulares de la prensa carioca con expresiones tales como "Un maneta asombró". Después de su retiro fue presidente de Aguada en dos ocasiones. Los veteranos de hoy cierran los ojos y recuerdan los gritos de la hinchada cuando se pedía una penetración: "hay que entrar, hasta abajo". Y ahí es que se proyecta la imagen de "El Manco", abriéndose paso entre los rivales con su muñón de la mano derecha hasta que sale de mano zurda un gancho que traerá un doble y después un grito inmortal.

¡ Distrae al rival con la batiseñal sonora!

7. LAS LOCAS AVENTURAS DE MR. BEANE

Alexander Duré

Todavía había polvareda de las Torres Gemelas. Nueva York y el mundo se habían sacudido cuatro días atrás, cuando un grupo de fanáticos que nada tenían que hacer (los inadaptados de siempre), habían irrumpido en el símbolo del capitalismo estadounidense. Pero en el béisbol, como en la vida, el show debe continuar. A unos veintinueve minutos en auto, o treinta y ocho a pie (según Google Maps), de donde se caía el World Trade Center, se tenía que disputar un juego de béisbol definitorio. Se jugó y, una vez más, fueron los Yankees quienes tenían que ganar.

Del otro lado del mostrador, Billy Beane se quedaba afuera de la Serie de Campeonato de la Liga Americana. Los fanáticos de los Atléticos de Oakland una vez más veían fracasar a su equipo. Beane, manager general del equipo, ya no tenía excusas. Habían tirado toda la carne al asador con jugadores estrella, era EL momento para llegar a la Serie Mundial, y una vez más tenían que volverse a California, mientras los Yankees les sacaban fotos.

Podríamos decir que a Billy Beane la vida le hizo un "oooooso" constante. Antes de dedicarse a la administración del equipo, fue un prometedor jardinero (de béisbol, señora). En 1984 fue seleccionado en la primera ronda del draft por los Mets, y se decía que iba a ser una estrella. Le jugó un pleno a eso, dejando la universidad, pero se retiraría comiendo banco en los Atléticos, con sólo 28 años de edad. Luego pasaría a ser ojeador, cazatalentos, hasta finalmente quedar a cargo del equipo. Y como manager intentó conseguir repetidas veces lo que como jugador no pudo.

Comenzaba la temporada 2002, y a Billy Beane se le habían quemado los papeles, no tenía escapatoria. Los mejores jugadores, como Giambi, Damon e Isringhausen firmaban contratos millonarios y se iban a franquicias importantes. En el club no había un dólar partido al medio. Ni siquiera había barrabravas para apretar el vestuario; la gente estaba decepcionada, los tickets para la temporada no se habían vendido, y amenazaban con cerrar el estadio y mudar el equipo. Pero como este libro se trata de personas que cambiaron el deporte, se imaginará que la cosa no iba a terminar así. Más si vio la película Moneyball, que es como un spoiler de este relato, que a su vez es un spoiler de la realidad.

Ya en la lona, Billy Beane estaba tratando de vender algún jugador y así rescatar monedas. Es así, y por esas casualidades de la vida, como conoce a Paul Podestá, quien le muestra lo que sería la llave de la felicidad: un sistema computarizado de estadísticas que permiten llevar un registro exacto de las habilidades y posibilidades de todos los jugadores de la MLB. Para ser claros, mediante este sistema se podía saber para dónde batea siempre el 4 de los Bravos de Atlanta, cuándo va a fallar, cuál es su efectividad, dónde va a caer la bola… en síntesis, todo. Lo curioso de este sistema Sabermetrics es que, según las estadísticas, marcaba que no era necesario gastar millones en estrellas. Bastaba con comprar jugadores con buenos porcentajes de bases. Embasar era la clave.

A Billy Beane lo convenció la idea y decidió que, perdido por perdido, era la única posibilidad que le quedaba para afrontar la temporada. La otra era armar el bolso e irse. Así es como empezó a juntar jugadores de todo tipo: la resaca de la resaca de la MLB. Jugadores cuasi retirados, lesionados, con problemas de conducta, sancionados; pero todos con dos características en común: un alto porcentaje de bases, y baratos.

Al clásico ojeador de béisbol, ese viejo con gorra que mastica tabaco y que solo con el sonido de bateo sabe si un jugador es bueno o malo, obviamente esto le pareció una broma. Los Atléticos eran un chiste ante el país. Los periodistas pronosticaban arriba de cien derrotas para la temporada. Y en un principio parecían tener razón. Ni siquiera el técnico del equipo estaba convencido y ponía en cancha lo que a él le parecía menos vergonzoso. Los Atléticos perdían y perdían. Hasta que le hicieron caso a Billy.

Poco a poco el sistema comenzó a funcionar. La clave era embasar, nada de home runs, ni bateadores de poder, ni lujos. Embasar. Porque para Beane los juegos se ganan base a base, haciéndole un claro homenaje a Mostaza Merlo. Gracias al Sabermetrics sabía qué jugador poner contra cada equipo y cómo jugarle. Y así se construyó la temporada.

Los Atléticos hicieron historia al conseguir nada más ni nada menos que ¡veinte victorias consecutivas! Algo imposible para la MLB. Cerraron la temporada regular con un récord de 103 ganados y 59 perdidos. Se lograron victorias épicas ante equipos multimillonarios y en todos los estadios del país. Un lujo.

Si bien los Atléticos terminaron perdiendo nuevamente a las puertas de la Serie Mundial, ¿quién le quita a Billy Beane lo bailado? Cambió el paradigma beisbolístico. Ahora todos querían jubilar sus ojeadores y contratar a algún nerd de Silicon Valley con una computadora de última generación. De hecho, los Medias Rojas de Boston intentaron llevarse a Billy como manager, tentándolo con una suma multimillonaria; pero para él la gloria no lo vale, y decidió quedarse a seguir intentando ganar una Serie Mundial con los Atléticos. Un romántico.

Años después los Medias Rojas, con el Sabermetrics, ganaron la Serie Mundial luego de casi noventa años de sequía. Y este sistema se llevó a equipos de fútbol americano, básquet y soccer (o fútbol, como le decimos nosotros). Billy cambió el mundo, decidió apostar a lo desconocido. Y ganó. No en el béisbol, es cierto, pero sí en la vida.

Gracias Billy.

8. EL MILTON DE LA GENTE

Andrés Reyes

Históricamente, podríamos afirmar sin temor a equivocarnos que aunque no viva su mejor momento, el ciclismo ha sido el tercer deporte en importancia en la República Oriental del Uruguay, claramente por detrás del básquetbol y a años luz del fútbol y la falsa humildad, disciplinas en las que cualquier uruguayo tipo podría dar cátedra, fundamentalmente en Centroamérica o Asia donde los humildes son reales y los futbolistas muy malos.

La diferencia principal entre el ciclismo y los dos únicos deportes en los que Uruguay le ha podido ganar a Argentina y Brasil alguna vez, radica en que los uruguayos y las uruguayas suelen preocuparse por el deporte del pedal tan solo dos veces al año: durante las llamadas "Rutas de América", competición celebrada en plena semana de carnaval (fines de febrero, principios de marzo, según procedimientos entre religiosos y metafísicos que nos exceden) y la denominada "Vuelta Ciclista del Uruguay" (decimos bien, "Ciclista" y no "Ciclística", como podría pensarse), competición madre del ciclismo oriental, algo así como la Champions League de nuestros pedalistas, generalmente hombres que hacen convivir su pasión por la chiva (en Uruguay se le llama "chiva" a las bicicletas, sepa Dios por qué) con ocupaciones menos heroicas, como las de oficinista, jardinero o –los más afortunados– delivery de pizzería.

La "Vuelta" se corre durante la semana de turismo, generalmente a mediados de abril. Quien la gana es considerado el mejor ciclista del país y adyacencias, en virtud de que suelen participar equipos argentinos, brasileños, cubanos, españoles y hasta algún norteamericano con ganas de probar nuevos desafíos[1].

Resulta claro que el pueblo artiguista encuentra en el ciclismo una ruta (nunca mejor dicho) de salida para negar la necesidad de arrancar el año de una buena vez, aprovechando esos días de vacaciones que surgen cuando todavía hace calor y uno no quiere aceptar que hay otro año de mierda por delante. No en vano en Uruguay suele decirse que el año arranca cuando el último ciclista cruza la línea de llegada de la vuelta homónima.

Sin embargo, existió un prohombre del deporte oriental que logró quebrar esa lógica temporal.

Nos situamos ahora en el año 2000. Recién superado estaba el miedo a que al llegar al citado año las computadoras del mundo comenzaran a explotar una a una, vaciando nuestras cuentas bancarias o provocando que los aviones se precipitaran al vacío. Pero lo cierto es que no pasó nada, y salvo algún avión malayo que otro que en efecto se precipitó al vacío, todo siguió más o menos igual[2].

Estamos en los Juegos Olímpicos de Sídney, a los que Uruguay concurrió con una delegación compuesta por 16 deportistas y unos 7.421 (número más, número menos) dirigentes. Entre esos dieciséis no diríamos que

---

[1] En cierta ocasión participó un equipo keniata, pero sus competidores fueron descalificados por negarse a utilizar las bicicletas, inclinándose más por correr a pata suelta. Uno de ellos, hijo de padres españoles, de nombre Angwa "Coquito" Rodríguez, llegó a jugar de puntero derecho en Peñarol.

[2] Hubo cuentas que en efecto se vaciaron, aunque por motivos naturales.

destacara demasiado la figura de un ciclista sanducero[3], no muy alto, no muy corpulento[4], no muy agraciado físicamente y no muy locuaz, de nombre Milton Wynants.

¿No le dice nada ese nombre? Pues bien: a cualquier uruguayo o uruguaya tampoco le decía mucho antes de la madrugada del 19 de setiembre de ese año 2000. Pero a partir de esa fecha, comenzamos a verlo en todos lados.

Es que el hombre, con una indumentaria que parecía comprada en Los Techitos Verdes[5], y una bicicleta que seguramente distaba de ser lo último en su género, ganó la medalla de plata en una competencia de ciclismo en pista cuyo mecanismo de disputa jamás entenderemos.

Ese día, se volvió una celebridad a la medida de nuestra sociedad. A usted, que se crió en países deportivamente más desarrollados que el mío, y que tiene el vivo recuerdo de los logros olímpicos en fútbol, básquetbol, hockey femenino, voleibol, o Miss Universo, podrá parecerle demasiada repercusión para tan mínimo logro. Pero tenga en cuenta este detalle: Uruguay no ganaba una medalla olímpica desde 1964. Pero más importante que eso: dado que la selección uruguaya de fútbol hacía años que no ganaba nada[6], y que la de básquetbol apenas había conseguido un par de bronces olímpicos cuando no existía el reloj de posesión y los partidos terminaban 20 a 15, el deporte oriental vivía una necesidad imperiosa de generar un nuevo ídolo en el cual depositar nuestra convicción de ser algo así como un milagro, una excepción que confirma la regla de que es imposible que con

---

[3] Por sanducero no nos referimos a un santo local, sino que se entiende "nacido en el departamento de Paysandú", limítrofe con la Argentina.

[4] Existen dos tipos de ciclista: por un lado, está el ciclista alto, musculoso, pero con esos músculos que solo te pueden salir por acción de sustancias prohibidas. Y por el otro está el bajito, huesudo, que bien pudo haber sido jockey o ayudante de mago. Milton pertenecía al segundo grupo, claramente.

[5] Nombre coloquial con el que se designa a cierta feria ubicada sobre la Avenida 18 de Julio en Montevideo, en la que es posible conseguir prendas de marca de dudosísimo origen.

[6] Debió esperar a que Argentina organizara una nueva Copa América para volver a dar una vuelta olímpica.

apenas tres millones de habitantes y —suponemos— no más de doscientas o trescientas bicicletas, se consiguiera la proeza de desbancar a los competidores europeos y yankees, seguramente mucho mejor preparados que nuestro Milton sobre la base de economías que operan cual yugo opresor que socava las bases de esa sociedad realmente libre e igualitaria que soñaron Artigas, San Martín y Chacho Álvarez.

El Milton entró a dar vueltas y vueltas a la pista, y sus competidores mucha atención no le prestaron. "Simpático el paraguayo" habrá pensado el ruso que venía cómodo en la segunda posición. "Tarde o temprano se caerá" sentenciaron los especialistas, eso mismo que dijeron del Banfield del Tanque Silva y Papelito Fernández hasta que no se cayó y salió campeón.

Cuestión que, como le decía, el hombre logró los puntos necesarios para superar a un rusito que venía segundo, se quedó con la plata detrás de un español con pinta de sorete, y acto seguido se transformó en la máxima celebridad del deporte charrúa. Recibimiento en el aeropuerto, encuentro oficial con las autoridades nacionales del momento, ida a varios programas televisivos donde lo hacían sentir el Artigas del siglo XXI. No tardó en ser la cara visible de diferentes empresas, desde una aseguradora, pasando por una tienda de bicicletas (estuvieron ingeniosos los publicistas) hasta llegar a una marca de yerba mate: "Armiño, la yerba de los gauchos"[7]. Los niños dejaron de pedirle a los Reyes la Play 2 o la Game Cube y optaron por pedir bicicletas Graziella, de esas que fabricaba la firma Motociclo hasta que Kristina cerró las fronteras, ni bien comprendió que las bicicletas las armaban en Uruguay pero las piezas las fabricaba un señor de ojos rasgados de apellido Lee.

Hasta el Club Nacional de Football (cuyos colores había defendido en más de una oportunidad) se apropió del logro, con la colocación de una foto alusiva en su linda aunque desordenada sede social. Era una forma de decirle a Peñarol: "Yo una medalla olímpica de plata en ciclismo, ¿y vos?"

El tiempo pasó y los Juegos Olímpicos de 2004 en Atenas llegaron sin

---

[7] Ahí durmieron los publicistas: claramente era "Armiño, la yerba de los niños, ahora también con sabor a tutti frutti".

avisar. Lejos de menguar, la idolatría por Milton se potenció gracias a que volvió a ganar la plata en el Mundial disputado en mayo de ese año, superando a uno de los argentinos Curuchet que quedó tercero y bien calentito.

Días antes de comenzar los juegos atenienses (piedra angular para la crisis que hasta el día de hoy golpea al país de Sócrates y Apostolakis), el pueblo uruguayo se agendó la competencia de ciclismo en pista por puntos, en la que el uruguayo de la quijada prominente saldría a defender (cuando no a mejorar) lo logrado cuatro años antes.

Día laboral en Montevideo. Temprano en la tarde. Nunca antes una carrera de bicicletas le importó tanto a un porcentaje tan elevado de habitantes de una republiqueta bananera como la nuestra. Un Milton mejor preparado sonaba como candidato a repetir el logro, agregando un condimento ideal: durante su preparación, en pleno 2002, había sufrido un grave accidente mientras practicaba en ruta al ser arrollado por un camión. Algo que bien le pudo haber ocurrido a Rocky Balboa mientras se entrenaba para fajar al soviético Iván Drago. También debió soportar el robo de su bicicleta (sí, tenía una sola), para que quienes hoy se quejan de la inseguridad y de que ya no se respeta ni a nada ni a nadie sepan que hace una década tampoco se respetaba gran cosa. Robarle la bicicleta al Milton era como robarle la moto a Poncherello o el martillo a Thor.

Lo cierto es que allí estaba la esperanza celeste en suelo griego, dispuesto a cumplir con el mandato histórico de todo aquel deportista que se calza la blusa color cielo: ganar heroicamente, o perder debido a factores extradeportivos, habilitando las quejas del caso, cuando no los actos de indisciplina.

Primera vuelta. Suena una campana. Los ciclistas apuran el paso. Sprint final. Y el que llega primero es el Milton. Segundos después aparece el sobreimpreso que lo confirma: parece que después de que suena la campana le dan puntos al que llega primero a la meta. Y el Milton se llevó los puntos. "O sea que si la carrera terminara ahora, el Milton se lleva el oro. ¡Uruguay nomá! ¡Viva el Frente Amplio!".

Pero pasaron los minutos, y comenzamos a ver cómo el otrora vigoroso Milton, comenzaba a perder posiciones. "Es una táctica, ahora que ganó el primer embalaje se tira atrás y saca el contragolpe", tiró el comentarista de fútbol, convocado para la ocasión siguiendo la máxima periodística que indica que todo periodista de fútbol está obligado a saber de otros deportes.

Pero claro, los periodistas de fútbol que además saben de otros deportes son la excepción y no la regla. Minga de estrategia: el Milton se había quedado sin piernas. Se jugó a matar o morir en el primer embalaje y fue morir.

No hay nada que le genere más impotencia a un espectador que ver cómo un deportista pierde posiciones irremediablemente en una competencia de velocidad. Mucho peor que ver a tu equipo descender ante Belgrano es ver que tu deportista estrella, tu esperanza, tu héroe nacional, se queda sin piernas y lo pasan hasta sin tener la intención. De haber estado allí, Juan Román Riquelme lo hubiera podido superar en velocidad a pie, incluso haciendo la célebre caminata lunar de un Michael Jackson al que todavía le quedaban unos cinco años de vida.

No hubo margen ni para quejarse ante los jueces. Y ya nadie se acordó del Milton cuando regresó a Paysandú. Ni siquiera cuando cuatro años más tarde probó suerte en Pekín, para completar el récord de cuatro incursiones olímpicas, siempre con el asiento bien calzado en las nalgas y esa cara inexpresiva, como un Tim Duncan oriental que una vez se animó a hacernos creer que mientras haya dos ruedas celestes en pista, todo es posible.

9. LA SOMBRA DE ZÁTOPEK

Francisco Godinez Galay

Los tanques / que barren / promesas de hoy
las madres / lo escuchan / en su habitación
el general invierno / al fin llegó
Corre / cruza los bosques
Corre / llega la noche
Las calles / ellas barren / con su valor
y las voces / de Londres / en tu interior
con el miedo en los huesos / duelen hoy
Corre / sueñan los dioses
con vientos / que llevan a un hombre
qué más puedo perder ya

Nadie sabe su final...

Trapecistas, "La última carrera de Zátopek"

Si como caminas, corres, aquí está tu Zátopek, preciosa

Tin Tan, "El vagabundo" (1953)

Si algo nos enseña este libro es que un grupo de señores nadies puede escribir y publicar con total impunidad. Pero hay otra cosa que nos enseña: que la maratón es la prueba deportiva que nos da más historias absurdas de superación, a pesar de ser una de las pruebas que menos satisfacción estética brinda.

Esto no es otra cosa que un ejemplo más de lo anterior. Pero léanlo igual que está bueno.

Emil Zátopek nació en 1922 en la vieja Checoslovaquia, aquella en la que todavía se podía jugar en la calle sin que te mataran por dos pesos. El pequeño Emil creció en un ambiente de tranquila hostilidad, típica de Europa del Este.

Todo comenzó cuando con 16 años, siendo estudiante de la escuela técnica, entró a trabajar en la fábrica de calzados Bata, valga la paradoja. Al verse rodeado por zapatos, zapatillas, alpargatas y ojotas, sólo una cosa pasaba por la cabeza de nuestro héroe: ponerse un par de algo y correr. Todo empezó a concretarse cuando la empresa organizó una carrera y obligó a los estudiantes a participar. Ya el camino estaba trazado: Europa del Este, posguerra, obligación de practicar algún deporte que nadie elegiría por motu propio.

Pronto empezó a participar en carreras de 5000 y 10000 metros, llevándose ocho campeonatos nacionales y su primera marca en 1944. Al año siguiente debió combinar su trabajo como corredor con su hobby: la Segunda Guerra Mundial. Se alistó en el ejército checo, pero no dejó de correr.

Llegaron los Juegos de 1948 y logró ganar la medalla de oro en 5000 metros y la de plata en 10000. Más tarde obtuvo el campeonato europeo. A esta altura ya era una figura mundial, de la talla de aproximadamente 1,70 metros.

Pero llegan los Juegos de Helsinki 1952, el frío teatro de su obra más importante, la del deporte. Obtuvo oro en 5000 metros. A los pocos días, oro en 10000 metros. Y al finalizar la semana, participó por primera vez en su vida en maratón. Especialista en distancias menores, nunca se había calzado los botines para cancha grande. Los favoritos eran el británico Jim Peters, quien había superado el récord mundial semanas antes, y nuestro Delfo Cabrera, campeón olímpico en Londres 1948. Pero Zátopek coronó su hat trick contra algunos de los pronósticos. Se mantuvo secundando al británico durante casi toda la carrera, para dar una arremetida final y entrar victorioso al estadio, que es donde realmente termina la maratón olímpica. Dicen por allí que por esto se mofó de su esposa Dana, quien había obtenido sólo una medalla de oro en lanzamiento de jabalina en esos mismos días.

Pero no todo terminó ahí. Años más tarde, Zátopek apoya la Primavera de Praga, lo cual le cuesta la expulsión del Partido Comunista y del Ejército, el cual nunca había dejado y con el cual había llegado a subir al podio de coronel. Estas expulsiones hicieron que este muchacho, surgido como un operario fabril y que conoció la gloria, se tuviera que dedicar a barrer calles para subsistir. Se sabe también que las mujeres, en señal de respeto, barrían el tramo que correspondía a cada casa para aligerar la tarea del ídolo. En 1975 se retractó y el Partido Comunista hizo lo propio. Zátopek, a puro amateurismo, corrió 334 carreras ganando 221. La 335 la perdió en 2000 contra la muerte. Sí, murió.

Pero si ustedes leyeron hasta acá, pensarán que este capítulo es sobre Emil Zátopek, el prócer del atletismo mundial, el héroe checo, la locomotora humana, la humildad en zapatillas, el rey de oros, el triplete olímpico. Jajajajaja, ¡ilusos! ¡Para nada!

Este artículo es un homenaje a quien obtuvo medalla de plata en aquella mítica maratón. Otro que no estaba en los planes, que dejó atrás al británico y sexto a Delfo Cabrera. Estamos hablando del argentino Reynaldo Berto Gorno. Con 33 años, este correntino nacido en Yapeyú, emuló al libertador San Martín en una hazaña de similares características al cruce de los Andes. Logró llegar justo detrás del mito muerto (por entonces mito viviente) de Checoslovaquia. Ese mismo año, había escoltado a Cabrera en los sudamericanos, y el año anterior, en los Panamericanos disputados en Buenos Aires.

Volvamos entonces a esa carrera.

Fue el 27 de julio de 1952, horas después de la muerte de Eva Perón. Cuentan las crónicas de la época que tanto Cabrera como Gorno no pudieron descansar bien, acongojados por la noticia. Luego ambos reconocerían que pensar en Evita les había dado fuerzas para correr, sobre todo a Cabrera, quien compitió con una afección hepática.

Relata la historia que Zátopek, sin saber cómo se corría una maratón, decidió seguirle el ritmo al experimentado Peters. Incluso le iba consultando si no iban demasiado rápido, a lo que el británico contestaba que no, que iban lento. Detrás de ellos, el sueco Gustaf Jansson, perseguía a ambos. Faltando poco para el final, Peters, exhausto, abandona (¿qué pasó, pirata? ¿No era que iban muy lento? ¿Eh?). Y faltando un kilómetro, el argentino Gorno logra superar al sueco y llegar dos minutos y medio detrás de la leyenda. Zátopek lo esperó en la meta para felicitarlo y compartir una naranja (sic).

No son dos monaguillos en domingo de ramos. Son Zátopek y Gorno pintados al óleo segundos después de recibir los premios. "Déjennos comer una naranja y después todos los cuadros que quieran", habrían dicho a los pintores de los principales periódicos.

Indudablemente, ser la sombra del mejor de todos los tiempos (hasta ese momento) es la gloria que nos permite afirmar una vez más que no sólo gana el que obtiene oro. Luego de estos Juegos, Gorno obtuvo algunos buenos resultados más. Retirado, trabajó como plomero y luego como empleado público en la Municipalidad de Quilmes, a cargo de un polideportivo. Allí, en 1994, sufrió un asalto. Los delincuentes quisieron intimidarlo disparando al aire, pero una de las balas rebotó en una puerta metálica, hiriéndolo gravemente. Murió tiempo después, en el silencio que solo viste a los grandes.

10. SALTO DE INFLEXIÓN

Adrián Desiderato

Citius, altius, fortius. "Más rápido, más alto, más fuerte", nos pide el lema olímpico desde el comienzo de la era moderna.

Pues bien, el salto en alto estuvo presente en todas las ediciones de los Juegos Olímpicos desde 1896 a la fecha. Consiste en una persona que va corriendo hasta donde se encuentra un listón colocado en forma horizontal (sostenido por dos soportes verticales) e intenta saltarlo pasando todo su cuerpo por sobre la barra (¡sin tirarla!) y cayendo al otro lado del obstáculo. Es simple. De hecho, es más fácil ir y hacerlo que explicarlo, haga la prueba. Sí, sí, vaya ahora, deje el libro y trate de probar. Le recomiendo, para empezar, tirar al piso una silla y saltarla, así de fácil. Puede poner una colchoneta al otro lado por las dudas.

(...)

¿Ya está? ¿Ya volvió? ¿Cómo le fue? Bueno, me alegro. Seguramente, usted fue corriendo mirando hacia adelante y realizó el salto de frente, pasando primero una pierna y luego la otra por encima de la silla, siempre con los ojos observando el lugar donde asentar la caída, como se salta un charco un día de lluvia o como se salta en las carreras con vallas.

Ahora bien, a medida que la altura se hace mayor, ya no es tan simple. Deberá empezar a buscar nuevas alternativas, como lateralizarse antes del salto y pasar primero una pierna y luego la otra, lo que se conoce como estilo "tijera"; así se saltaba antes, en los albores de esta práctica deportiva, cuando todavía existían dos modalidades: con y sin carrera (o impulso).

Luego se fue desarrollando lo que se llamó la técnica del "rodillo", inclinando el cuerpo al saltar para que esté más paralelo a la barra (similar a una tijera en fútbol) y girando sobre su eje longitudinal. Fue conocido como rodillo costal, californiano o western roll.

La complejidad en la técnica del salto iba aumentando y así nació el "rodillo ventral", en la que el movimiento de rodillo se hacía de frente, mirando al piso, pasando primero un brazo y una pierna (los del mismo lado, ¡por favor!) y luego, durante el giro, pasando el hemicuerpo restante.

Y así fue durante años y años. Pero los cambios en la historia del deporte se dan de una manera: todos hacen algo hasta que viene uno y hace algo distinto y, entonces, todos empiezan a hacer eso distinto. Fue así que apareció Dick Fosbury.

Los Juegos Olímpicos de México 68 fueron especiales, ya que debido a la altitud a la que se encuentra la capital mexicana, y la consecuente menor resistencia del aire, estaban las condiciones dadas para ir en busca de los récords. De hecho, se dio allí el llamado "salto del siglo" de 8,90 metros del norteamericano Bob Beamon, todavía hoy récord olímpico del salto en largo[1].

Pero vayamos al salto en alto. La competencia se desarrollaba con normalidad: cada uno iba, hacía su rodillo y volvía. Hasta que el norteamericano Richard Douglas Fosbury, con sólo 21 años, fue corriendo hasta la vara pero, en lugar de saltar de frente, giró y saltó de espaldas. Por un instante quedó suspendido en el aire, mirando al cielo y formando un arco con su columna para evitar tocar el listón, iluminado por un rayo de sol. Así, nació el "Fosbury Flop", el estilo con el que aún hoy, casi cincuenta años después, se sigue saltando.

Fosbury ganó la medalla de oro con un salto de 2,24 metros. Fue la mejor marca del año y récord olímpico. No le alcanzó para superar los 2,28 m. del récord mundial del soviético Valeri Brumel hechos con la vieja técnica en 1963, antes de sufrir un accidente de moto que cortó su carrera a los 23 años. Pero sí le alcanzó para cambiar la historia de la competencia.

El último destello del rodillo ventral fue el récord mundial de 2,33 m del soviético Vladimir Yashchenko en 1977, a los 18 años. Pero dos años más tarde, una grave lesión en la rodilla también terminó con su promisoria carrera.

Dick Fosbury no hizo mucho más. Sin poder repetir grandes marcas, se retiró poco después, dejando su nombre al Fosbury Flop, el estilo con el que saltan hoy todos los saltadores.

---

[1] Y eso que no se pudo medir su último salto, en el que salió despedido del estadio y nunca más se lo vio. La medalla fue entregada a su familia.

11. RUSO SUELTO, YANQUI ATADO

Patricio Gronda

Durante la primera mitad de los 80, las tensiones generadas por la Guerra Fría entre EEUU y Rusia estuvieron en alza. No sólo hubo una serie de conflictos que generaron enfrentamientos indirectos en diversas partes del mundo (Nicaragua y América del Sur, por citar sólo dos ejemplos) sino que la amenaza nuclear se hizo menos latente y más real, con un Reloj del Apocalipsis presente en las pesadillas de millones de personas en todo el orbe.

En este contexto, en 1984 apareció frente al gran público de la lucha libre el ruso Ivan Koloff, acompañado por un representante de luchadores norteamericano traidor a la causa capitalista llamado Don Kernodle, para presentar en sociedad a su sobrino Nikita Koloff, nacido en Lituania. ¿La meta de Nikita? Demostrar la superioridad del hombre soviético por sobre el norteamericano. ¿El método? Derrotar a Ric Flair, campeón reinante de la National Wrestling Association. ¿Su sobrenombre? La Pesadilla Rusa (un juego con el apodo de Dusty "El Sueño Americano" Rhose, favorito de los fans en esa época). ¿Su tamaño? XL. Por supuesto, Nikita Koloff se convirtió en uno de los mayores villanos del espectáculo/deporte conocido como lucha libre.

Aprovechemos esta última oración y vayámonos un poco por la tangente, ya que hay muchas discusiones sobre la realidad o no de la lucha libre y su valor deportivo. Terminemos con una: la lucha libre no es real, es coreografiada. Y con otra: sí, es un deporte.

Vamos por la primera. ¿Sabían que los árbitros son en realidad directores del combate? Y no en el sentido general de hacer respetar el reglamento, sino en el totalmente literal. ¿Vieron que muchas veces durante los combates el referee tiene largas charlas con los luchadores? Aunque no lo crean, no es que los golpes en la cabeza han robado al luchador de su conocimiento de las reglas; es más simple: el árbitro está en contacto por radio con los "guionistas" (los jueces que están afuera del ring, los productores, etc.) del combate y usa esas charlas para decirle a los luchadores qué hacer, cuánto alargar el combate, qué tomas conviene realizar, cómo viene el rating, cómo moverse y otros detalles.

Por supuesto, los luchadores tienen un concepto general del combate (incluido quién ganará) ya armado, pero también improvisan la coreografía sobre la marcha, dependiendo de las reacciones e intereses que va demostrando el público y que el referee les informa, así como también de su propio estado físico y raptos de inspiración. ¿Y esos largos momentos en que se tienen en una toma del cuello, aparentemente disfrutando de un momento ameno de tocar el pecho sudoroso del rival con sus mejillas? Se utilizan para un par de cosas: por un lado, para descansar (de hecho, se llaman "agarre de descanso"), y por otro, para coordinar los próximos movimientos. Ah, y también para pedirse disculpas cuando alguno de los movimientos le causó un dolor indescriptible al rival. De hecho, se pueden encontrar diversos videos en Internet en los que se escucha, por culpa de un micrófono mal puesto, los timoratos pedidos de perdón articulados por un urso (y en muchos casos, un ruso) que supuestamente le está comiendo el hígado a su rival.

En el aspecto de si es o no deporte, hay pocas dudas de que lo es. No sólo reúne todas las características de riesgo físico, competencia y demostraciones de destreza, sino que requiere muchísimo entrenamiento en academias especiales que dan tanto la preparación física como mental para ser capaces no sólo de realizar los movimientos, sino también de pensar en el desarrollo del combate durante el calor del mismo. Y si bien está coreografiado, hay competitividad: ser un luchador exitoso, ya sea querido u odiado, que da un buen espectáculo, es la forma de poder vivir de la lucha.

Pero volvamos a Nikita, a quien a esta altura seguramente ya han olvidado completamente. Su primer combate duró tan solo trece segundos. Ese fue el tiempo que le llevó demoler a su rival. A partir de allí, se convirtió en uno de los villanos más exitosos, con una larga carrera en diversas ligas, ganando títulos y llegando incluso a enfrentarse con el mencionado Ric Flair en 1986, aunque no logrando demostrar la superioridad soviética, ya que fue derrotado. Hacia el fin de la década, con la apertura soviética, la Perestroika, las mejoras de las relaciones entre ambos países y las diversas historias de la propia liga de lucha libre, Nikita fue transformándose de a poco en un personaje del bando de los sombreros blancos, hasta retirarse en 1992.

En los ocho años que duró su carrera, Nikita hizo esfuerzos por adaptarse al nuevo país en el que tenía que vivir. En las primeras entrevistas no hablaba, ya que desconocía el idioma y se comunicaba a través de su representante Don Kernodle, pero con el paso de los años fue aprendiendo inglés, aunque nunca logró que fuera todo lo fluido de un nativo ni que no se le mezclara alguna palabra en ruso en el medio. Asimismo, durante años necesitó de un traductor que lo acompañara a absolutamente toda actividad social (desde comprar en un supermercado hasta aquellas que hacían a su profesión), hasta que finalmente pudo adaptarse lo suficiente para moverse por su cuenta.

Ahora, ¿quieren saber lo curioso? Nikita Koloff, el gigante ruso, la cara en la lucha libre del régimen soviético, el luchador que tenía un acento tan marcado que a los televidentes se les complicaba entenderlo y casi que necesitaban subtítulos, se llamaba en realidad Nelson Scott Simpson y había nacido en la muy norteamericana ciudad de Minneapolis, en plena Minnesota, cerca de la frontera no con China sino con Canadá. Así es, en un ejercicio de método que avergonzaría al mismo Konstantín Stanilavski, Simpson había decidido compensar el hecho de que no tenía la preparación de otros luchadores (originalmente su intención había sido ser jugador profesional de fútbol americano, pero una lesión le había robado esta posibilidad) convirtiéndose, literalmente, en su personaje (aunque no queda muy claro de qué manera esto le ayudaba durante el combate).

Vale la pena mencionar que tampoco Ivan Koloff era ruso ni Don Kernodle estaba alineado con la causa soviética. Pero podemos asegurar que estos dos, al terminar el show, se dedicaban a comer pastel de manzana y cantar "Stars and Stripes Forever" a diferencia del supuesto sobrino representado.

Lo primero que cualquier persona cuerda haría en una situación así es tomar lecciones del idioma del personaje a interpretar. Esto es también lo primero que hizo Simp... Nik... errr... ¿Simpsoff? Pero para demostrar que estaba dispuesto a hacer todo al extremo, durante su primer año en la NWA se negó a hablar en inglés y sólo se comunicaba en ese ruso que casi no conocía. Luego, de a poco, fue agregando vocabulario en inglés, aunque utilizándolo mal y sólo de forma progresiva (suponemos que esto debe haber generado más de una situación confusa en reuniones familiares). De hecho, aun dos años después de su retiro (y ya sin necesidad de engañar a nadie) seguía hablando con acento ruso.

Recordemos, además, que tenía un intérprete (o un actor que hacía de cuenta que era su intérprete, a esta altura es difícil asegurar una cosa o la otra). Imagínense ser acompañado durante años a todos lados por un tipo que te traduce todas las conversaciones sin ninguna necesidad. Aun más, imagínense que alguien cuenta un chiste y uno no puede reírse hasta que se lo traducen. Y aun así no puede hacerlo, porque es obvio que el chiste es intraducible y se pierde toda la gracia por el camino. Y ni hablemos de ir al cine. O de alquilar una casa. Esto último algo que realmente tuvo que hacer su intérprete por él ya que Nikita Scott Kolpson no podía por la barrera idiomática.

Pero eso tampoco era suficiente: Nikelson se cambió oficialmente el nombre por Nikita Kolo (bueno, esto simplifica las cosas, le podemos decir Nikita nomás y consiguió un certificado de nacimiento expedido en Lituania. O sea, en una época en que ser ruso en EEUU era casi un crimen en sí mismo, y en la que ser blanco y tener entre 18 y 35 años tenía todas las ventajas (o sea, como ahora, Nikita hizo exactamente lo contrario por amor a su arte. Y no sabemos a cuántos niveles es ilegal eso de tener un certificado de nacimiento obviamente also expedido por un potencial enemigo bélico. Y lo de que el intérprete lo acompañase a todas partes... no podemos sacarnos eso de la cabeza. Esperamos que en el baño no tuviera muchas conversaciones.

Luego de su retiro y tras la muerte de su esposa, Nikita tuvo otro cambio en su vida, convirtiéndose en un Cristiano Nacido de Nuevo y volviéndose ministro religioso. Escribió dos libros (Breaking the Chains, sobre cómo vivir cristianamente; y Wrestling with Success, una guía de pensamiento positivo para la vida), además de participar en algunas películas menores y ser parte de la Hermandad de la Espada, que no sabemos bien qué es, pero esperamos sea un grupo de creyentes vestidos con cota de malla que sale a combatir demonios en una Nueva York postapocalíptica.

Al día de hoy, Nikita Koloff todavía es ruso.

12. DORANDO SIN ORO. PERO CON ORO

Francisco Godinez Galay

Tenemos una relación de amor-odio con los ganadores morales. Por un lado, nos parece que no existen, que son unos perdedores, o en el mejor de los casos, que encarnan un concepto demasiado naif y cursi como para aceptarlo. Pero por otro lado, nos desvivimos tratando de encontrar ejemplos de deportistas que no buscan el resultado y argumentamos todo el tiempo a favor de la competencia por la competencia misma o el juego por el juego mismo. Esperamos que con esta historia se inclinen definitivamente para uno u otro lado. O se inclinen hacia el medio, que es lo más difícil.

Corría 1908. ¡Y vaya que corría![1] Se disputaba la maratón de los Juegos Olímpicos de Londres. La cita a la que nadie sueña con ser invitado, pero en la que todos quieren estar. Esa carrera no sólo fue importante porque determinó la distancia exacta que hoy se corre (es mentira lo de la distancia entre Marathon y Atenas: los 42.195 kilómetros actuales eran los necesarios para

---

[1] En realidad, corría sin vallas.

unir Windsor y el estadio White City –white de alma–). También fue importante porque daría el primer premio moral concreto del que se tiene memoria.

La carrera fue particularmente difícil. El calor agobiante causó la deserción de la mitad de los competidores. A esa altura, llegar ya era una victoria. Y llegar primero, una doble victoria; que por lo tanto se anulaba. Por primera, única y última vez, el gran ganador no fue el primero. Ni el segundo[2].

Durante gran parte de la carrera, el pelotón de punta estuvo integrado por tres corredores ingleses y un sudafricano. Luego, el sudafricano, Charles Hefferon, apretó metafóricamente el metafórico acelerador, llegando a obtener una ventaja irreversible de cuatro minutos, que, como sabemos, en maratón es una eternidad. Pero las cosas irreversibles más lindas son las que se revierten. Faltando poco para la meta, el italiano Dorando Pietri empieza a darle con tutti, como se decía en esa época. Entrando al estadio, logra alcanzar al sudaca de África y lo supera. Ya el público londinense estaba admirado. Sin embargo, en medio de la épica se escucharon algunas risitas socarronas en las tribunas cuando Pietri enfiló hacia el lado incorrecto: se estaba alejando de la meta. Los jueces quisieron avisarle de su error, pero como en esos tiempos el sonido aún no viajaba a grandes distancias, debieron ir corriendo a advertirle. Solo pudieron alcanzarlo porque Pietri, sintiendo las consecuencias del esfuerzo que había realizado, se desplomó en medio de la pista.

Los jueces lo ayudaron a reincorporarse, cometiendo una flagrante falta que ellos mismos como jueces debían advertir. Le indicaron por dónde debía seguir la carrera. Seguían escuchándose risitas entre el público, pero ahora eran de nervios.

El Tano Pietri, como se lo empezó a conocer cariñosamente en ese instante, retomó la carrera en la dirección correcta. Sin embargo, antes de llegar cayó al suelo cuatro veces más, rendido por el cansancio. "¡Héroe igual!", "¡Orgullo!", "¡Fracaso!", se empezó a escuchar en el estadio. Pietri se incorporó con su último aliento para ganarle al peor rival, que es uno

---

[2] El Huracán de Cappa, el Mallorca de Cúper y la Naranja Mecánica de los 70 son algunos ganadores que salieron segundos.

mismo, y que es como la vida. Finalmente logró pasar la línea de llegada, pero detrás del estadounidense John Hayes y del sudafricano Hefferon, quienes se quedarían con el oro y la plata respectivamente.

Posteriormente a ese final, Pietri fue descalificado por la ayuda recibida. ¿Gambeta del destino o forrada arbitral? A esa altura, poco importaba, Dorando se había ganado las cuatro medallas más importantes: la del honor, la de la vida, la de los sueños y la de la derrota digna.

Pero aún quedaba una risita por escuchar: la del destino, que siempre ríe último y mejor, como ríe la vida. Y como ríe la muerte. Un prestigioso asistente a esta dudosa hazaña, mezclado entre el público, decidió intervenir. Sabiendo que sería escuchado por su popularidad, tomó su sombrero con visera, su pipa y su lupa e intercedió por el italiano ante la mismísima reina Alejandra. Se trataba nada más ni nada menos (sino que justo) que de Sir Arthur Conan Doyle, el bárbaro, el inmortal.

Conmovido por lo acontecido, el creador de Sherlock Holmes pidió que se invitara a Pietri al palco oficial como una forma de homenajearlo, y que se le reconociera su título de ganador moral de la carrera. Se le otorgó una copa de oro en reconocimiento por el esfuerzo. Dorando Pietri, el primer ganador moral con premio oficial en una competencia deportiva.

Ahora bien, ¿qué es un ganador moral? Si se le da un premio por ello, ¿no dejaría de ser meramente moral? Este es un debate que no nos llevará a nada y es por eso que seguiremos explorándolo: ¿qué determina que alguien sea ganador moral de algo? ¿Qué es la moral? ¿Acaso el público por unanimidad decide que alguien merece un premio a pesar de no haberlo ganado? Pero si no se ganó, ¿por qué se merecería? ¿Qué es merecer? ¿Y cuál es la distancia entre merecer y ser? A su vez, si alguien es catalogado como ganador moral, ¿acaso no es ya algo? Y por lo tanto, ¿no dejaría de ser merecedor, ya que es algo? ¿Debemos colocar aplausómetros en los estadios para determinar los ganadores, si es por merecimiento? ¿No son exactamente eso los deportes con jurado? ¿Y no sucede que en esos deportes, efectivamente, no siempre gana el que lo merece? ¿Eh?

Muchas preguntas y pocas certezas que nos deja este Sócrates del deporte, tan recordado como olvidado.

13. LA BATALLA CAMPAL DE ARGELIA

Adrián Desiderato

Cuando un día de abril de 1958, Rachid Mekhloufi desapareció de la concentración, todos pensaron que debía estar en una discoteca o en un cabaret, los lugares habituales para un futbolista que se ausenta sin previo aviso. Sin embargo, Rachid no había nacido para ocupar el insulso lugar habitual en el que el mundo coloca a los deportistas.

Mekhloufi era argelino, venía de obtener la Liga Francesa el año anterior con el Saint-Etienne y, al igual que su compatriota Mustapha Zitouni, integraba la selección francesa que se preparaba para jugar en dos meses el Mundial de Suecia.

No sólo Rachid desapareció ese día, sino también el mencionado Zitouni y otros siete futbolistas argelinos que jugaban en Francia, por lo que, al ver que no regresaban borrachos al día siguiente, los dirigentes empezaron a sospechar: "¿Estos no se habrán ido a su país?".

Su país, Argelia, se encontraba desde 1954 en una sangrienta guerra por su independencia contra Francia. Hacía más de cien años (desde 1830) que el país norafricano era colonia francesa, situación que no olía precisamente a perfume francés. De hecho, en 1956, el también argelino Albert Camus había hecho una "Llamada a la tregua civil" pero los combates no cedieron en crudeza. Al año siguiente, mientras él obtenía el Premio Nobel de Literatura, se desarrollaba la Batalla de Argelia, en la que el ejército francés hizo retroceder a los rebeldes usando una metodología que incluía terribles formas de tortura, importadas años más tarde por militares argentinos, y que pondría a la población definitivamente a favor del Ejército de Liberación Nacional.

Pero por algo "el extranjero", que había sido arquero del Racing Universitario de Argel hasta que, por una tuberculosis, se retiró del fútbol (antes de que el fútbol, por la tuberculosis, lo retirara de la vida a él), diría sobre el final de su vida que "... después de muchos años en que el mundo me ha permitido variadas experiencias, lo que más sé acerca de moral y de las obligaciones de los hombres, se lo debo al fútbol...". ¿A qué se refería el autor de "La Peste"? No a lo que sigue a continuación, pero no importa.

Así fue que en abril de 1958, entonces, con la llegada de Rachid, Zitouni y los otros que también abandonaron la comodidad francesa, queda conformada la Selección del Frente Nacional de Liberación Argelino. Dicho equipo se encargaría de difundir por el mundo la idea de una Argelia independiente, dando la batalla por la liberación dentro de la cancha. En otras palabras, peleando por su país pero no metafóricamente, como habitualmente dicen que hacen los jugadores, sino en forma literal (bueno, en verdad, los que peleaban en serio eran los guerrilleros del ELN; los futbolistas lo hacían metafóricamente, aunque menos metafóricamente que cualquier futbolista que dice que juega un mundial por la patria).

En mayo de 1958, el mayo argelino, la selección comienza su gira por la independencia. No fue fácil, ya que la nefasta FIFA, más allá de no reconocerla, sancionaba a cualquier equipo o selección con que se enfrentara. Así y todo llegaron a jugar entre cincuenta y cien partidos (imagínense que las estadísticas no son de las más claras). Cuatro años pasaron, llevando por medio de la pelota el mensaje de que Argelia debía ser un país libre y no una colonia explotada por los franceses (en todo caso, que los argelinos sean explotados por argelinos de clase alta pero no por extranjeros). En 1962, finalmente, los acuerdos de Evian dieron por terminada la guerra y Argelia obtuvo su independencia.

Mekhloufi, hombre de códigos, volvió a pagar su deuda con el Saint-Etienne, que se encontraba en la B, logrando el ascenso a Primera en 1963 y saliendo campeón al año siguiente con Los Verdes. Eso sí, nunca volvería a jugar para la selección francesa.

Más adelante pudo finalmente participar de un mundial, aunque no como jugador sino como técnico. Su Argelia protagonizó la histórica victoria sobre Alemania por 2 a 1 en España 82, en la fase de grupos, aunque luego quedó eliminada tras un vergonzoso partido arreglado entre Austria y los germanos.

Respecto a Francia, cuarenta años después de la fallida participación de los argelinos en el Mundial, el equipo galo se coronó campeón del mundo por primera vez en su historia liderado por Zinedine Zidane, criado en los suburbios del norte de París pero hijo de padres argelinos, quienes habían emigrado a Francia en 1953, un año antes del comienzo de la guerra.

¿Se puede cambiar el mundo a través del deporte? En general no, pero a veces sí. El tema es que hay que dejar todo por los colores, pero en serio.

14. LA MALDICIÓN DE LOS CHICAGO CUBS

Patricio Gronda

¿Puede una cabra, en toda su santa (o diabólica) inocencia, cambiar totalmente la historia de una institución deportiva, llevándola de la más abyecta
seguidilla de glorias a la más noble serie de fracasos? (es posible que en esta
última oración los adjetivos hayan sido utilizados de forma invertida, pero
no tenemos forma de chequearlo ahora. De última, señor lector, haga una
flecha entre ellos marcando que van al revés). ¿Es esto posible en el mundo
racional y materialista (en el sentido de no creer en lo sobrenatural) en el
que nos movemos? La respuesta es sí y no: sí, porque puede suceder en
nuestro mundo y no, porque para que sea realmente su culpa hay que dejar
de lado el escepticismo, al menos de momento. Veamos, entonces, la historia de la maldición de los Chicago Cubs.

Hay, todo el mundo lo sabe, una estrecha relación entre los griegos y las
cabras. Dicho así, por supuesto, es toda una tentación caer en la retahíla de
chirigotas habituales sobre campesinos y cabras (u ovejas) que nuestro pu-
dor nos impide repetir. Por suerte, para esto justamente existe la Internet,
así que recomendamos visitar www.milchistesdecampesinosbrutosquetien-
enrelacionesanimalisticasconcabras(uovejas)com.ar

¿Listo? ¿Ya están de nuevo con nosotros? Bien. Estábamos diciendo que existe una relación (sexual) estrecha entre los griegos y las cabras. De hecho esto ha dado lugar a la teoría (personal) de que al nacer cada griego recibe una cabra para que aprenda a ser responsable (la cabra). O para que tenga todo el queso que pueda querer comer. Porque uno de los grandes motivos de esta identificación es justamente la alimentación de las islas griegas: queso de cabra, carne de cabra, leche de cabra, olivas de cabra, cabra de cabra; todo eso es parte clave de su nutrición.

Es por esto que a nadie extrañó mucho cuando se descubrió que la persona que intentaba entrar a Wrigley Field, el estadio de los Cubs un 6 de octubre de 1945 llevando justamente uno de estos animales se llamaba Billy Sianis y era un inmigrante griego. La mayor parte de la gente simplemente se miró y dijo: "Otro griego con una cabra. Es el sexto que veo esta semana. Me tienen podrido". Tampoco sorprendió que fuera el dueño de la taberna Billy's Goat (la cabra de Billy) ubicada a pocas cuadras del estadio ni que la cabra se llame Murphy (no tanto porque algo en el contexto lo hiciera suponer como porque es un nombre tan bueno como cualquier otro para una cabra).

Murphy no era sólo la mascota de Billy y símbolo de la taberna, sino que era también era su herramienta de marketing (la usaba para promocionar el local) y amuleto de la buena suerte. No podía faltarle entonces en ese partido, cuarto de la serie mundial que tenía a los Cubs 2 a 1 arriba y que, de ganarlo, los dejaría a la puerta de un nuevo campeonato. Billy era seguidor del equipo y estaba dispuesto a todo para que este se hiciera con el triunfo. La suerte tenía que estar de su lado.

Ahora bien, la realidad es que no parecía tan vital llamar a la fortuna. No sólo los Cubs tenían un buen equipo más que capaz de ganar el campeonato sino que la historia en ese 1945 del que ya han pasado casi setenta años los favorecía. Porque en sus inicios como equipo, llamándose Chicago White Stockings, ya habían dominado entre 1876 y 1886 la recién nacida era profesional con seis títulos. Y aunque luego habían tenido unos años de reposo en los que habían cambiado su denominación por Chicago Cubs, entre 1907 y 1945 habían ganado diez veces el campeonato de división y dos series mundiales, siendo de los más ganadores. Algo que resulta extraño al seguidor actual, que está acostumbrado a verlos fracasar. Pero hay un motivo para esto.

Y el motivo es que un guardia de seguridad demasiado celoso prohibió la entrada de Murphy al campo de juego. O sea, no al campo en sí, sino al estadio. En la puerta de los molinetes se le plantó al buen Billy y le dijo: "Señor, acá esa oveja... digo, cabra no entra". "Pero ha pagado su entrada", replicó el griego "y de mi propio bolsillo". "No importa, nada de cabras en este estadio".

Billy no iba a dejarse intimidar por un policía de segunda mano. Con firmeza pidió ver al dueño de los Cubs en persona, ya que tenía buenos contactos con él. Philip K. Wrigley (uh, casualmente se llamaba igual que el estadio. Seguro usó eso en su campaña para dueño con un slogan tipo "Wrigley, el único hombre que es un estadio") se acercó y no tuvo mejor idea que ponerse del lado de su empleado y dictaminar: "Dejen entrar a la cabra, pero no a Billy". Ante la confusión causada por esta orden totalmente ajena a lo que realmente pasó en la historia, se recompuso y dijo "Dejen entrar a Billy pero no a la cabra". ¿Por qué? "Porque la cabra apesta".

Las crónicas de la época no lo relatan pero no nos queda más que suponer que en ese momento el universo entero tragó aire, abrió grande los ojos e hizo un silencio total. Que se quedó esperando la respuesta del inmigrante, la reacción y sabiendo (ya que el universo todo lo sabe) que el destino de un equipo estaba en juego, que la ignominia y el insulto a una cabra no pueden quedar sin castigo en este mundo que muchas veces peca de injusto pero que no lo puede ser tanto.

Sianis miró a sus contrincantes, al dueño de ese equipo del que era hincha, a ese guardia de seguridad, a esos fanáticos borrachos, a los jugadores que no sabían nada de todo esto y que igual no podía ver porque él estaba afuera del estadio y ellos adentro; los estudió con ojos claros y, sobre un fondo de rayos y truenos (hipotéticos) y sin dejar a su cabra, dijo las palabras que terminaron con todos los sueños: "Los Cubs no ganarán nunca más. Los Cubs nunca ganarán la Serie Mundial hasta que no le permitan a las cabras ingresar a Wrigley Field". Luego, se dio vuelta y se alejó, para perderse en las brumas de la historia (o más bien en su bar, que todavía existe, aunque ya no lo maneja él por el pequeño inconveniente de estar muerto, y es uno de los más populares de Chicago).

Dirán los destructores de leyendas que es imposible que esas palabras tuvieran efecto en un equipo que, como ya dijimos, no las escuchó. En un grupo de hombres competitivos que ni se enteraron de que habían sido dichas. Pero, creer o reventar, los Cubs perdieron ese partido y el siguiente contra los Detroit Tigers, quedándose sin serie mundial. Generoso en la derrota (de los Cubs, pero triunfo para él), Sianis le mandó a P. Wrigley una carta que decía: "¿Quién es el que apesta ahora?" (tal vez sea este el origen de la tan usada por los norteamericanos expresión de que algo apesta). La Maldición de la Cabra ya era un hecho.

Las siguientes décadas fueron un desastre para los Cubs. El equipo que venía de pelear la serie mundial logró temporadas positivas en cuanto a triunfos los dos años siguientes, pero en ninguno de los dos casos lograron entrar a los playoffs. Y a partir del 47 los números fueron cada vez peores, llegando al récord de 103 derrotas en una temporada en el 66.

No vamos a repasar uno por uno cada año de sufrimiento de los Cubs a partir de esa fecha. Baste con decir que desde el momento del inicio de la maldición, esta no ha fallado y nunca más los Cubs han logrado la serie mundial. Pero sí vamos a contar algunos sucesos curiosos que acontecieron durante estos setenta años de maldición.

En 1969 los Cubs eran punteros, jugaban mejor que el resto de los equipos y tenían que enfrentarse con los New York Mets, que estaban segundos, en un partido que definía gran parte de las chances de ambos equipos. En medio del partido, con unos Cubs que parecían llevarse el triunfo fácilmente, pasó lo inexplicable: de la nada apareció un gato negro que se paseó despreocupado frente al banco de suplentes de los Cubs. A partir de allí no sólo el partido fue una dura derrota, sino que toda la temporada se vino abajo.

Otras veces, la maldición tomaba formas aun más insidiosas. En 1984, Sam Sianis, sobrino de Billy Sianis fue invitado al estadio antes del primer partido, junto con una cabra. La ilusión de haber roto la maldición se hizo fuerte en todos los corazones... hasta la final contra San Diego Padres (previa a entrar a la serie mundial). 3 a 2 arriba en partidos y cerca del triunfo, los Cubs no pudieron cerrarlo, cometieron errores tontos y terminaron sin nada. La maldición permite ilusionarse pero no da tregua.

La invitación a Sam Sianis y su cabra se repitió en 1989 (una vez más, gran temporada, pésimo final), 1994 (para cortar una racha de derrotas. Usted lo creerá o no, pero el primer triunfo de los Cubs esa temporada fue justamente el partido en el que la cabra de Sam estaba presente) y en 1998.

Por supuesto que a lo largo de la historia ha habido intentos por levantar la maldición. Después de todo, todos hemos visto alguna película en la que una vieja gitana (un inmigrante griego de edad media) maldice a un joven ejecutivo (un equipo de béisbol) por matar con su auto a su hija (decirle apestosa a una cabra) y la única manera de terminar con la maldición es colgar la cabeza decapitada de una cabra de la estatua de Harry Caray[1] (y para esto no tenemos nada que decir, porque literalmente pasó no una, sino al menos dos veces; con una tercera cabeza siendo enviada en 2013 al dueño del equipo Thomas S. Ricketts).

O como la vez en 2003 que un grupo de fanáticos de los Cubs fueron con una cabra al estadio de los Astros de Houston (rivales de división, en ese momento, de los de Chicago) e intentaron entrar. Al serles negada la entrada (previsiblemente), sacaron un rollo de papel, leyeron una copla y declararon que la maldición había sido levantada. Y casi que sí, pero no. Porque si bien la temporada fue excelente, se quedaron ahí nomás de jugar la serie mundial: faltándole solo 5 outs para ganar, los Florida Marlins les convirtieron ocho carreras seguidas justo tras lo que se conoce como el incidente Steve Bartman (una bola que estaba por ser atrapada por Moisés Alou de los Cubs fue desviada por un espectador, Steve Bartman, quien trató de agarrarla, arruinando la posibilidad de quedar a sólo 4 outs y dando comienzo al desastre para los de Chicago. Bartman tuvo que ser sacado del

---

[1] Histórico relator y comentarista de béisbol, así como anunciador de Wrigley Field durante los últimos 16 años de su carrera.

estadio acompañado por la seguridad y disfrutó de una hermosa custodia policial constante por meses luego del incidente).

También valga decir que parte de la maldición es que muchos jugadores de los Chicago Cubs logran ganar la serie mundial... luego de dejar de jugar para este equipo. Hay al menos cuarenta y un casos en los que esto ha pasado, incluyendo algún jugador que estuvo el día de la maldición, lo cual demuestra que nuestra buena cabra no se la agarra con los nombres, sino con las instituciones.

Sea como sea, la realidad es que hasta la escritura de este libro los Cubs no habían podido superar aún la maldición de la cabra Murphy y que esto convertía a la cabra en el animal con la mayor paternidad sobre un equipo no sólo de béisbol sino de cualquier deporte de la historia. Dicen los que saben que, en realidad, romper la maldición no es cuestión de decapitaciones o sacrificios. Que es mucho más simple. Que sólo será levantada el día que los Cubs inviten a las cabras a su estadio no para terminar con su desdicha sino porque lo sienten de corazón, porque sienten un verdadero cariño por ellas. O sea, el día que pasen a formar parte de www.milchistesdecampesinosbrutosquetienenrelaciones-animalisticasconcabras(uovejas)com.ar

Nota de autor: la maldición fue rota en 2016. O sea, durante el período entre que este libro fue escrito y que finalmente salió a la calle. Su período agorafóbico, digamos.

15. ZAMBIA DE MI ESPERANZA

Francisco Godinez Galay

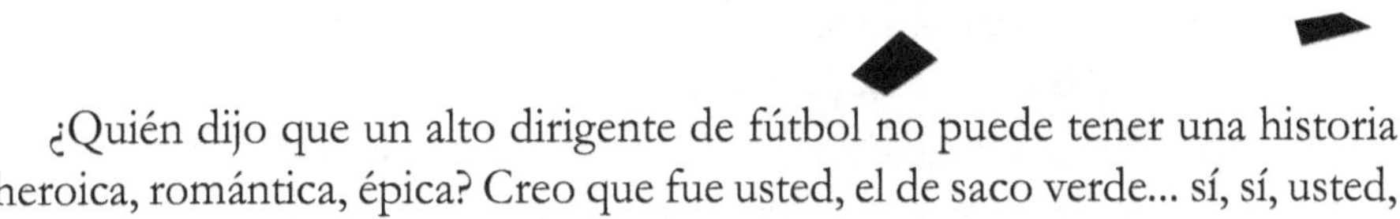

¿Quién dijo que un alto dirigente de fútbol no puede tener una historia heroica, romántica, épica? Creo que fue usted, el de saco verde... sí, sí, usted, el del fondo. ¿Por qué dijo eso?

—Y... porque sobran los ejemplos de personajes oscuros entre los dirigentes importantes de fútbol.

—Sin duda, pero... ¿usted conoce Zambia?

—Eh... no, no tengo el gusto...

—¿Y conoce algo llamado... INTERNET?

—Sí, sí, es una tecnología que está revolucionando las comunicaciones.

—Bien, úsela más entonces para enterarse de la historia de Zambia, por ejemplo...

—...

—Bueno... les pido que presten atención a lo que les voy a contar. Y al que no le interese, que se retire así el resto puede escuchar...

(...)

—Upa. Quedamos solo cuatro. Bueno, ya no es necesario que use este micrófono de mi... (se escucha un acople, no se entiende lo que dice).

*****

Kalusha Bwalya nació el 16 de agosto de 1963 en Mufulira, Zambia. Mufulira significa "lugar de la abundancia". Es una pequeña ciudad fronteriza con el Congo. Allí, Kalusha debutó como jugador de fútbol a los 16 años en el Mufulira Blackpool. Rápidamente pasó al Mufulira Wanderers, uno de los equipos más populares y ganadores de Zambia.

A los 22 años pegó el salto a Europa, fichando para el Cercle Brugge de Bélgica, club donde jugó de 1985 a 1989. Mientras jugaba allí fue elegido por la revista France Football como el mejor jugador africano del año, superando a Roger Milla y George Weah. Dicho galardón fue ganado alguna vez por jugadores como Eto'o, Drogba, Adebayor o Yaya Touré.

En 1989 pasó al PSV Eindhoven de Holanda, donde jugó hasta 1994, cuando fue comprado por el América de México para integrar un tridente histórico apodado "las águilas negras" junto a François Omam-Biyik y Jean-Claude Pagal, y bajo la dirección técnica de Leo Beenhakker.

Luego jugó en el Necaxa, tuvo un paso por el Al-Wahda de Emiratos Árabes, y volvió a México para jugar en el León, el Irapuato, el Veracruz y el Correcaminos UAT. Entre algunos de sus otros logros, figuran varios títulos en Holanda y ser dos veces goleador del Cercle Brugge. Pero sin duda su mejor esfuerzo lo hizo para la selección de Zambia, apodada Chipolopolo, las balas de cobre.

*****

—¿Alguna duda hasta acá?

—No...

*****

En Zambia jugó desde 1983 hasta 2004, desde los 20 a los 41 años, incluso luego de su retiro como jugador de clubes. Jugó 147 partidos y convirtió 100 goles. Entre sus hitos más recordados está el hat-trick que le convirtió a Italia para la histórica goleada de Zambia 4-0 en los Juegos Olímpicos de Moscú 88. Jugó seis veces la Copa Africana de Naciones. Es la máxima estrella en la historia de la selección de Zambia.

Kalusha fue una leyenda. Su último partido en la selección de Zambia fue el 4 de septiembre de 2004 en las eliminatorias para Alemania 2006. Entró en el segundo tiempo de un 0 a 0 contra Liberia, convirtió su gol número 100 y le dio el triunfo a los Chipolopolo. Pero mejor retrocedamos unos años.

*****

—¿Esto hay que anotarlo?

—Por favor, ustedes presten atención y después anotan todo lo que quieran. O compran el libro donde figura esta historia.

*****

En 1992 se comenzaron a jugar las eliminatorias para el Mundial de Estados Unidos 94. Solo tres de treinta y siete selecciones africanas podrían acceder a la cita mundialista. Zambia venía creciendo futbolísticamente y dando que hablar, no solo por tener algunas estrellas jugando en Europa, como el caso de Bwalya, sino también por el desempeño internacional de algunos de sus clubes. El 11 de octubre de 1992, Zambia debuta con buen pie, ganándole 2 a 0 a Tanzania. Dos semanas después le ganaban 4-0 a Namibia. Ya en 1993 derrotaron 3 a 1 a Tanzania, nuevamente 4 a 0 a Namibia y 3 a 1 a Madagascar, clasificando invictos en el grupo H, con tres goles de Kalusha. Arrasaban con todos sus rivales y el sueño del Mundial estaba muy cerca.

El 27 de abril de 1993, el plantel debía viajar a Senegal para empezar a disputar la fase final de la eliminatoria. De tres equipos, uno llegaría al Mundial. Como no había recursos para pasajes aéreos, el plantel viajaría en un avión de la Fuerza Aérea. El viaje de Lusaka a Dakar tendría tres escalas: Brazzaville, Congo; Libreville, Gabón; y Abidjan, Costa de Marfil. Pero cuando despegaron de la segunda escala, el avión, que venía acusando algún desperfecto, se precipitó al océano. Todos los integrantes del plantel de la selección de Zambia fallecieron en el acto.

*****

—...

*****

Todos menos tres: Charles Musonda, Johnson Bwalya y nuestro Kalusha Bwalya, quienes debían viajar directo a Dakar por tener compromisos con sus clubes del exterior.

La tragedia sacudió a los tres sobrevivientes. Sus compañeros de hazaña ya no estaban y ellos se habían salvado de casualidad. Un país entero lloró consternado. Sus ídolos, aquellos coterráneos que estaban poniendo a

Zambia en lo más alto, dándoles algo de alegría en un país acostumbrado a sufrir, se habían ido para siempre.

Kalusha visita el Cementerio de los Héroes, cerca del estadio de Lusaka.

Fueron días de conmoción interminable, pero en algún momento había que seguir. Kalusha tomó fuerza y pronto se puso al hombro el sueño de toda una nación. Había partidos por disputar y el objetivo aún era posible. En Zambia rearmaron completamente el seleccionado nacional para honrar a sus héroes y completar la hazaña por la cual habían dejado todo.

El 4 de julio de 1993, un par de meses después de la tragedia, con jugadores nuevos, y Kalusha como estandarte, derrotaron 2 a 1 a Marruecos, con goles de los sobrevivientes Kalusha y Johnson Bwalya. El 7 de agosto se realizó aquel maldito partido postergado contra Senegal. Empataron 0 a 0. En septiembre les ganaron 4 a 0. Solo debían empatar frente a Marruecos para clasificar. El encuentro se jugó en octubre y fue triunfo para Marruecos por 1 a 0. Zambia arañó la cima: había quedado afuera del Mundial por sólo un punto.

Al año siguiente, ese grupo de ignotos muchachos que habían puesto lo mejor para honrar a los ídolos desaparecidos, llegaron a la final de la Copa Africana de Naciones por primera vez en la historia de Zambia. Pero otra vez quedaron en las puertas de la gloria y perdieron con Nigeria por 1-2.

Kalusha se hizo cargo de la dirección técnica de la selección de 2003 a 2006, siendo incluso durante un tiempo jugador y técnico. En 2006 se hace cargo de la vicepresidencia de la Federación de Fútbol de Zambia. Y en 2008, de la presidencia.

En 2012 se jugaría una nueva edición de la Copa Africana de Naciones. El lugar: Gabón, aquel país que hacía 19 años se había llevado a sus amigos y al sueño de millones de zambianos. El destino, el amor propio y el recuerdo de aquel indeleble día de 1993 aportaron lo suyo. Zambia, con solo uno de sus integrantes jugando en Europa, llegaba por segunda vez a la final de la copa continental. El partido se disputaría en Libreville. La Zambia de 2012 jugaría en la ciudad donde la mítica Zambia de 1993 había perecido. Una vez allí, lo primero que hicieron fue visitar la playa donde había ocurrido el accidente. Kalusha sintió cómo lograba vincular a aquel equipo con el actual, frente a esta nueva chance. Solo les dio un consejo: "Salgan a jugar y a divertirse"

El rival era la dura Costa de Marfil. El resultado final fue 0 a 0 y había que definirlo por penales. Los nervios embargaban a toda Zambia. Ambos equipos convirtieron los primeros cinco penales. Era turno de las angustiantes tandas de a uno.

Sexta serie, ambos convierten.

Séptima serie, ambos convierten.

Octava serie. Kolo Touré se prepara... ¡Y ataja el arquero de Zambia! ¡El gran Kennedy Mweene detiene un disparo! Solo debía convertir Rainford Kalaba y por fin alcanzarían la gloria.

Se acerca al punto del penal. Sus compañeros se arrodillan y empiezan a cantar. No sabe si mirar la pelota o al arquero, que ya espera la resolución final. Patea y... ¡travesaño!

Uf.

Noveno penal para ambos. Va el experimentado Gervinho para Costa de Marfil... ¡Afuera! ¡Otra oportunidad para los Chipolopolo!

Ahora es el turno del joven Stoppila Sunzu, jugador del equipo congoleño Tout Puissant Mazembe[1]. Se para frente al balón y, sin dejar pasar mucho tiempo como para pensar, corre hacia él como quien quiere enfrentarse rápido con su futuro. Conecta la pelota con el alma, pero por suerte también con el pie, lo que hace que salga con mucha más fuerza y pase de una vez por todas la maldita línea que separó a Zambia por tanto tiempo de la gloria.

Zambia campeón de África por primera vez. Los jugadores se formaron en ronda para cantar mirando y señalando al cielo. Ahí, sí, en la ciudad donde había dejado de existir su mejor generación de futbolistas, y con su máxima estrella y sobreviviente allí presente, dejando correr sus silenciosas lágrimas, a pesar del estricto traje con corbata.

******

—¿Ahora saben un poco más de Zambia?

—No solo de Zambia, señor... no solo de Zambia...

---

[1] Ver "Pequeños Gigantes. 50 historias de fútbol que merecen ser leídas" para conocer más sobre este equipo.

El Vasco de la carretilla.

16. CARRERA AL POLO

Adrián Desiderato

A principios del siglo XX (no llegó a ser XXX, pese a la liberación sexual iniciada en los años 50), se desarrolló una competencia que no figura en ningún atlas de la historia del deporte. No sabemos aún el porqué de dicho ocultamiento, ya que esta competencia tuvo todos los ingredientes que lleva la receta para confeccionar ese plato principal que es el deporte. Usted se preguntará seguramente el porqué de una metáfora culinaria en esa frase. Lamentablemente no hay respuesta para eso, pero lo que sí podemos decir es que la mencionada contienda tuvo competición, destreza física y riesgo de vida, los tres componentes básicos de todo deporte para ser considerado como tal.

Corría el siglo XX, decíamos (nunca entendió que caminando se llega más rápido, o más lejos, no sabemos cómo era el refrán, bah, no sé si existe tal refrán, bueno, así le fue al siglo ese de todos modos), y a la ilusión del hombre de llegar a todos lados para parecerse a Dios le faltaba todavía un punto[1] en la Tierra. Ese punto era el lugar donde la Tierra pega la vuelta,

---

[1] Le debían faltar un montón de puntos pero no viene al caso.

donde convergen todos los meridianos (no, no es Roma), donde uno viene caminando cabeza arriba y luego de atravesarlo queda cabeza abajo (si Newton hubiera pasado por ahí, no hubiera confeccionado su frágil teoría). Sí: el Polo Sur.

Y no empecemos con que si es el geográfico, el magnético, el geomagnético, el ceremonial o el de inaccesibilidad, el Polo Sur es uno solo y es éste el del que estamos hablando. En el año 1911, todavía nadie había plantado bandera (literalmente) en dicho lugar que estimamos frío y ventoso ("ojo, un frío seco, con un saquito te arreglás, porque no hay mucha humedad", dicen quienes han estado ahí… quienes han estado ahí y vivido para contarlo).

En ese año, entonces, dos competidores se largaron a la carrera de ser el primer hombre en pisar el punto más austral del planeta Tierra: el noruego Roald Amundsen y el británico Robert Falcon Scott.

Scott ya había liderado la expedición Discovery, que duró de 1901 a 1904 y que había llegado al punto más al sur hasta ese momento: 82° y algo de latitud, quedando a unos 850 kilómetros del Polo. De alguna manera era local, ya que conocía el campo de juego (hay quienes dicen que hizo regar la cancha antes) pero le habían faltado cinco para el peso, o mejor dicho, 850 para el polo.

Para Amundsen, en cambio, era su debut en el continente blanco. De hecho, su idea original era llegar al Polo Norte pero la noticia de que el estadounidense Robert Peary lo había logrado en 1909 le hizo cambiar el rumbo. "Ahora me tengo que cruzar todo el planeta, encima en hora pico, espero que no haya piquetes", protestó el noruego. Haciendo uso de su caballerosidad, le mandó un telegrama a Scott para avisar sus intenciones y partió a bordo del Fram, llegando a la plataforma de hielo de Ross el 14 de enero de 1911, estableciendo su campamento en la Bahía de las Ballenas.

Scott iría por otro lado, siguiendo los pasos de Ernest Shackleton, quien en 1909 había llegado más lejos que él, hasta los 88° de latitud sur, quedando a menos de doscientos kilómetros del polo.

Finalmente, el 19 de octubre, el equipo noruego partió con Amundsen, Bjaaland, Hanssen, Hassel y Wisting adelante y cincuenta y dos perros groenlandeses llevando los trineos atrás. Bah, en realidad los que iban adelante eran los perros, si no la expedición hubiera terminado en Ushuaia. Amundsen sabía que los hombres ganan partidos pero los perros ganan campeonatos.

En menos de un mes ya estaban frente a los montes Trasantárticos. Luego de atravesarlos, armaron el campamento denominado La Cacería, en el que fueron sacrificados veinticuatro perros para ser utilizados como alimento. "Los saqué para protegerlos", habría declarado Roald ante la inquisitoria de la prensa antártica, históricamente catalogada como "prensa blanca".

"Un esfuercito más y estamos", motivaba el noruego a su tropa. Así fue que el 7 de diciembre llegaron al punto al que hacía dos años había llegado Shackleton. Ahí se paró y miró para los costados a ver si divisaba a Scott. ¿Dónde estaba Scott?

Scott había partido el 1° de noviembre desde una distancia al polo casi cien kilómetros mayor de la que había arrancado su competidor pero corría con la ventaja de ir por terreno conocido, ya explorado. Repitiendo la fórmula de su antecesor Shackleton, llevó caballos. Pero estos se le habían ido muriendo uno a uno. ¿Podría llegar en esas condiciones?

El 14 de diciembre, el equipo del noruego finalmente llegó al Polo Sur para plantar su bandera por primera vez en ese inhóspito lugar y ganar la Copa Antártida. En ese histórico y glorioso momento en que pisó por primera vez un suelo no pisado nunca antes por ser humano alguno, pensó en su madre y en sus palabras antes de salir de Noruega: "¿Llevás abrigo?".

Scott también llegó al polo, pese a las muchas dificultades que tuvo que atravesar, sobre todo de convivencia entre él y los apodados por la prensa blanca "cuatro fantásticos": Edward Wilson, Henry Bowers, Lawrence Oates y Edgar Evans. Pero lo hizo el 17 de enero de 1912, cinco semanas después que el noruego. "Lo peor ha sucedido", escribió en su diario luego de ver flameando la banderita noruega.

Amundsen tenía claro el objetivo: llegar primero para quedar en la historia. A Scott, en cambio, lo mató el vestuario. Pero vale destacar que, más allá del resultado, ya había realizado exploraciones que contribuyeron a sostener la teoría de que la Antártida también había sido parte de Pangea.

Y además… ¡llegó al Polo Sur! Pero anda a explicárselo al británico. Se descolgó la medalla de plata del pecho y comenzó la retirada.

Cualquiera que haya vivido la desoladora sensación de tener que esperar un colectivo para volver a su hogar desde la cancha luego de una derrota puede imaginar, al menos un poco, lo que sintieron esos muchachos al emprender el camino de regreso. Con el ánimo por el piso y 1300 kilómetros de frío y nieve por delante, arrancaron la vuelta.

El primero en morir fue Evans. Para ese entonces, el equipo de Amundsen ya había vuelto victorioso a su base con once perros sobrevivientes. Luego fue el turno de Oates, quien escribió sobre el líder de la expedición: "No me gusta nada Scott... no actúa con rectitud. Su primera preocupación es él mismo, el resto no le importa...". Deteriorado al punto casi de no poder caminar, salió de la carpa diciendo: "Voy a comprar cigarrillos y vuelvo", pero no regresó. El resto del grupo imaginó el desenlace: era casi de noche y ningún kiosco abre después de las seis de la tarde en la Antártida.

El intransigente clima les dio el golpe de gracia a los ya maltrechos tres integrantes restantes, incluido Scott, que pasó a ser héroe nacional. Mientras, Amundsen ya planeaba su bicampeonato, que lograría quince años después al llegar por primera vez al Polo Norte[2].

---

[2] Al final, lo de Peary en 1909 parece que era todo un verso.

17. ENROQUE AL DESTINO

Francisco Godinez Galay

El ajedrez es sin duda uno de los deportes más apasionantes. Lo que es con duda es que sea efectivamente un deporte. Hay quienes dicen que es una ciencia, un arte, o incluso una cosa. Hay quienes dicen que es como la vida. Y quienes van más allá al afirmar que la vida está hecha a semejanza del ajedrez.

Si hablamos de ajedrez, aparecen Garry Kasparov, Anatoly Karpov, Boris Spassky o Bobby Fischer, como las estrellas más rutilantes en una historia de más de quince siglos.

Pero si hablamos de figuras del ajedrez sudamericano, debemos remontarnos a las lejanas tierras de Argentina para encontrar un solo nombre: Miguel Najdorf. Bueno, en realidad no es solo un nombre, sino cuatro. Y tampoco es Argentina, sino Polonia.

Najdorf nació en Polonia en 1910 a la tierna edad de cero (0) años. A lo largo de su vida tuvo cuatro nombres. Fue anotado como Mojsze Mendel Najdorf, aunque se lo conocía como Mieczysław Najdorf. Al llegar a la Argentina fue anotado como Moisés Mendel Najdorf, aunque se lo conocía, ahora sí, como Miguel Najdorf. ¿Cuántas veces dije Najdorf sin contar este último Najdorf? Solo el tiempo lo dirá.

Contrariamente a la típica historia de los ajedrecistas, Miguel no comenzó a jugar seriamente al ajedrez sino recién a los 14 años. Se cuenta por ahí que a una semana de aprender a jugar, ya le ganaba a quien le había enseñado... y dándole una torre de ventaja. Y contrariamente a la típica historia de los inmigrantes, no fue de niño a la Argentina, sino que recién a la edad de 29 años, siendo ya maestro internacional hacía nueve.

Quiso el destino que la Octava (mal llamada) Olimpíada de Ajedrez se desarrollara en Buenos Aires en 1939. Al torneo vinieron representantes de decenas de países como Alemania, Bohemia y Moravia, Bolivia, Bulgaria, Palestina, Guatemala, y grandes jugadores de la época como el cubano Capablanca o el ruso devenido francés Alexander Alekhine. Quiso el destino también (ayudado por un bigote) que esa semana comenzara en Europa la Segunda Guerra Mundial. Unos veinticinco jugadores decidieron entonces no volver al viejo viejo continente. Así, se radicaron en la Argentina jugadores como el checo Jiri Pelikán (aka... perdón, acá Jorge Pelikán), el inglés Harry Golombek (primer campeón argentino de ajedrez por correspondencia), la alemana Sonja Graf, y, claro, el polaco Najdorf.

El torneo terminó con medalla de plata para Polonia –y por ende para Najdorf–, detrás de la Alemania nazi integrada por Engels, el malo (creemos). A su vez, siendo este un torneo por equipos de cuatro jugadores (cada uno encargado según su calidad del primer, segundo, tercer o cuarto tablero), el en ese entonces mal llamado Miguel terminó como mejor segundo tablero (el mejor segundo de todos los equipos), secundado por Heinz Foerder representando a la Palestina británica. El Engels nazi (creemos) fue el mejor tercer (reich) tablero. Los argentinos Jacobo Bolbochán e Isaías Pleci[1] destacaron como tercer tercer tablero y mejor primer tablero de reserva. En resumen, un quilombo todo.

Najdorf, desde Argentina, no podía saber mucho sobre qué pasaba con su familia en Europa, pero era de imaginarse su destino siendo de origen

---

[1] Ambos argentinos, grandes figuras del ajedrez nacional, merecerían un párrafo aparte. Que no es este.

judío. Miguel comenzó a jugar simultáneas a la ciega —el jugador no mira el tablero, sino que le dictan las jugadas del rival y dicta sus propias jugadas— para ganar dinero y poder enviarlo a Polonia. Solo al finalizar la guerra vuelve para obtener información sobre sus seres queridos. Allí se entera que su esposa e hija habían sido asesinadas en el campo de Auschwitz y que muchos familiares habían muerto en la matanza del gueto de Varsovia. El responsable de matar a su familia había sido el gobernador Hans Frank, quien había condecorado a Najdorf en la Olimpíada de Munich en 1936.

En esos años, la FIFA no ponía tantos problemas con eso de representar a una selección y luego pasarse a otra. Y menos en ajedrez, donde nada tiene que hacer una federación de fútbol. Es por eso que Najdorf decide volver a Argentina y, pese a haber sido parte del equipo olímpico polaco durante bastante tiempo, radicarse y comenzar a representar a nuestro país, en lo que él mismo catalogó como un segundo nacimiento.

Entre sus logros mencionamos el haber sido maestro internacional a los veinte años, con solo seis de práctica ajedrecística. Durante las décadas del 40 y 50, gracias a él, Argentina tuvo un jugador entre los diez mejores del mundo.

Dueño de una memoria prodigiosa, tiene el récord de partidas simultáneas a la ciega. Llegó a mantener cuarenta partidas en octubre de 1943 en Rosario, ganando treinta y seis de ellas. Sin embargo, George Koltanowski, quien detentaba el récord de treinta y cuatro partidas en esta modalidad desde 1937, se quejó ante la nefasta FIDE (Fédération Internationale des Echecs) alegando que no había habido representantes internacionales que verificaran el récord del argentino. Pero Najdorf tenía una jugada preparada (nótese que desde el título que no coqueteábamos con metáforas de este tipo): el 25 de enero de 1947, y ante representantes internacionales, jugó en San Pablo en cuarenta y cinco tableros donde se iban relevando ochenta y tres jugadores a medida que se cansaban. Ganó en treinta y nueve de esos tableros, sin mirar ninguno ni un momento. Esto no solo es un ejercicio de memoria, concentración e inteligencia, sino de esfuerzo físico (y es acá en donde le damos la derecha al ajedrez como deporte): la sesión duró 22 horas 40 minutos ininterrumpidas. Además, es deporte según nuestra definición, pues también agrega riesgo de muerte. De hecho, esta modalidad fue prohibida en la URSS en los años 30 por considerarse peligrosa para la salud.

En 1950 superó su récord al jugar simultáneas normales en doscientos cincuenta tableros, ganando en doscientos veintiséis de ellos. Su anterior récord había sido en doscientos veintidós tableros, y cuenta la leyenda que un día, en un viaje, se le acercó una persona a hablarle, al que él no reconoció. Esta persona había estado en esa sesión de simultáneas. Cuando le dijo en qué tablero había participado, Najdorf le pudo describir cómo le había ganado.

Fue nueve veces campeón argentino. Además fue uno de los primeros jugadores en ser reconocido como gran maestro internacional cuando en 1950 la FIDE creó el sistema de títulos oficiales. De ahí en más salió quinto y sexto en torneos de candidatos al título mundial. Obtuvo cincuenta y dos títulos internacionales, entre los que aparecen los importantes torneos de Mar del Plata 61, La Habana 62 y 64.

En el torneo de Lugano 68 enfrentó a Boris Spassky, el número uno del mundo. El ruso quería irse temprano porque tenía una cita y le ofreció tablas a Najdorf en voz baja. Najdorf gritó "¡¿Cómo?!". Spassky, avergonzado, volvió a susurrar la oferta. Najdorf volvió a hacer notar lo que estaba pasando. En esos años el ajedrez era fundamental para la propaganda soviética y un agente de la KGB se acercó a Spassky y le "sugirió" que no volviera a proponer el empate. Najdorf, exultante, consultó con su equipo, y aceptó antes de perder la oportunidad. En realidad, tampoco el triunfo era un resultado imposible para Miguel: a lo largo de su carrera jugó contra once de los diecinueve campeones mundiales, ganándole a varios (entre ellos Fischer y el propio Spassky) y logrando al menos una vez tablas con todos ellos, excepto con Kasparov, con quien se enfrentó una sola vez y fue triunfo del ruso.

En las Olimpíadas de Dubrovnik de 1950, sacó medalla de oro como mejor primer tablero, contribuyendo a que Argentina se quedara con el bronce en la general. Además, consiguió tres subcampeonatos mundiales para nuestro país.

Entre otros logros, tiene el de haber desautorizado una jugada del mismísimo Juan Domingo Perón. En un match entre Argentina y URSS, Najdorf debía enfrentar al poderoso Bronstein. Perón quiso dar el puntapié inicial de la partida, y jugó por Miguel pe(r)ón e.4. Se retiró sonriendo, entre aplausos. Najdorf volvió atrás esa jugada y la reemplazó por peón d.4. Bronstein, extrañado, le preguntó cómo se atrevía a contradecir a su mandatario. Miguel le contestó que estaba en una democracia y que no podía darse el lujo de partir tan mal contra un jugador de su talla.

También jugó partidas contra grandes figuras mundiales como el propio Perón, Nikita Kruschev, Winston Churchill, el Shah de Irán, el mariscal Tito y Fidel Castro. A todos ofrecía tablas y ellos aceptaban. Salvo una persona: el Che Guevara. Cuenta la historia que, si bien los registros marcan otro empate, el Che –gran aficionado al ajedrez– quiso seguir jugando para oponerle resistencia al maestro, en un gesto tan altruista como soberbio, que es lo mismo. Najdorf declararía después: "No me quedó otra opción que derrotarlo".

Fue seleccionado para el mítico enfrentamiento de 1970 de "Resto del Mundo" contra URSS, lo cual habla a las claras de su importancia.

Contribuyó al crecimiento del ajedrez, por ejemplo haciendo aportes a la apertura India del Rey y, sobre todo, en la Defensa Siciliana. De hecho, una de las variantes más utilizadas en la actualidad es la llamada Siciliana Najdorf. Y esas cosas valen más que algunas medallas.

Su mejor resultado fue el segundo puesto en Helsinki 52. La final la perdería contra la leyenda del ajedrez, Bobby Fischer. Cuenta la historia que Fischer le ganó empleando la mismísima Siciliana Najdorf.

18. UN GOLEADOR DISTINTO

Jorge Montanari

Existen muchas historias sobre goleadores. Goleadores famosos, goleadores casi ignotos. Goleadores del hoy y del pasado. Exquisitos. Burros. Pero todos los goleadores sobre los que ya se ha escrito alguna vez comparten una característica que nuestro goleador de este capítulo no detenta entre las suyas: son futbolistas. Y más ampliamente aún, son seres humanos.

No, no lo estamos cargando. Vamos a contarles acerca del hat-trick más particular de la historia de la competición de clubes más prestigiosa del mundo. Sí, la Champions League, esa misma donde Messi y Cristiano Ronaldo se sacan chispas y donde muchos serían capaz de cometer un crimen por obtener la copa, que es petisa y orejuda.

Como pasa en muchos equipos famosos, este goleador no es natural del país del club, sino que se trata de un extranjero. Pero no demos más vueltas. O sí. Avancemos, pero guardemos algo de sorpresa. El 29 de junio de 2010 no iba a pasar desapercibido en la vida del Birkirkara, equipo maltés poco acostumbrado a la fama inclusive dentro de Malta mismo.

Los rojiamarillos del Birkirkara llegaron a la cincuentena de años vírgenes de títulos. Fue en el 2000 que obtuvieron su primer campeonato, para repetirlo luego en 2006 y otra vez en 2010. En Malta, el equipo campeón entra a la primera ronda clasificatoria de la Champions League, lejos de las fases de grupos donde entran los grandes gratis; como en esos boliches cuya entrada cuesta trescientos pesos para los laburantes y donde todos los famosos están en la famosa lista de invitados. Volviendo a la Champions, entonces, el Birkirkara no había tenido buena suerte en el 2000, perdiendo los dos partidos que jugó. En el 2006 le había ido apenas mejor: uno empatado, el otro perdido. Pero en la tercera participación, un milagro estaba a punto de ocurrir. Y ocurrió.

Ese histórico ya referido 29 de junio, el equipo de Birkirkara, once titulares más los suplentes y el cuerpo técnico, dieron el presente en el Estadi Comunal d'Andorra la Vella, nombre en catalán del Estadio Comunal de Andorra la Vieja, el principado simpático que ocupa una región muy pequeña de los Pirineos. Allí lo esperaba el campeón andorrano, el Santa Coloma, que no contaba con que iba a descubrir a su peor rival donde menos se lo esperaba. Porque el peor rival a menudo puede ser uno mismo, pero pocas veces el enemigo puede ser un ente inanimado.

Las autoridades del partido examinaron el campo de juego a la hora señalada. Su estado era pésimo. Tan malo, tan pero tan malo, que hacía imposible la práctica de fútbol. La decisión se tomó de manera rápida pero justa: el encuentro fue suspendido sin jugarse, y el tribunal de la UEFA decidió darle por ganado el encuentro por tres a cero al Birkirkara. Así, de ese modo, el Estadi Comunal d'Andorra la Vella se convirtió en el máximo goleador en Champions League del Birkirkara maltés, marcando tres goles para su victoria internacional más abultada de la historia.

Al miércoles siguiente, en Malta, ambos equipos se jugaron todo en el desquite y regalaron un hermoso 4 a 3 a favor de los locales, con dos goles de Galea y dos de Cilia, que no pudieron alcanzar la marca del rectángulo de juego andorrano que los seguía mirando desde lejos, cruzando los dedos que no tiene, para mantener a salvo el récord.

En la siguiente fase, la única vez que el Birkirkara pudo alcanzar semejante etapa de la Champions, el equipo maltés se despidió sin hacer mucho ruido. En el 2013, el Birkirkara volvió a Champions, pero así como llegó se fue. No se entiende cómo no existe todavía una peña, una filial, una agrupación de hinchas que lleve el nombre del Estadi Comunal d'Andorra, su heroico goleador, el único estadio capaz de meter tres goles en un único partido y erigirse en la máxima figura de la historia de un club.

19. PEARL SURFER

Adrián Desiderato

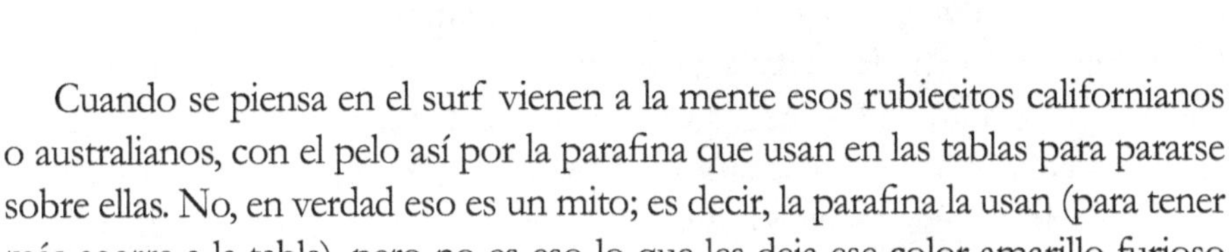

Cuando se piensa en el surf vienen a la mente esos rubiecitos californianos o australianos, con el pelo así por la parafina que usan en las tablas para pararse sobre ellas. No, en verdad eso es un mito; es decir, la parafina la usan (para tener más agarre a la tabla), pero no es eso lo que les deja ese color amarillo furioso en la cabeza, sino la combinación de sal y sol en sus cabezas durante días y días.

Ahora, lo que no es un mito es que no son ellos los creadores de este milenario deporte. Los primeros surfistas fueron pueblos originarios del norte del Perú, los cuales pescaban a bordo de una especie de barquito hecho con juncos, conocido como "caballito de totora", dando a luz el arte de domar las olas.

También en la Polinesia se realizaba antiguamente la práctica de remontar olas sobre una tabla. Fue algo que sorprendió a James Cook cuando llegó a esas tierras allá por el año 1778. Otra cosa que lo sorprendió fue la muerte, a mano de los nativos, que primero lo recibieron como a un dios pero cuando el Capitán inglés preguntó dónde había un baño porque se había venido aguantando todo el viaje ya que le "daba cosa hacer en los barcos", se dieron cuenta de su terrenalidad y lo ajusticiaron. Pero más allá del pequeño detalle de su muerte, Cook tuvo el privilegio de ver con sus propios ojos el "he'enalu" en su estado más puro y salvaje.

Durante mucho tiempo, y por ser una tradición nativa, los colonizadores buscaron que las aguas se llevasen al surf mar adentro, haciéndolo desaparecer hasta su regreso triunfal ya en el siglo XX, de la mano de Duke Kahanamoku, también conocido como Duke Paoa Kahinu Mokoe Hulikohola Kahanamoku o simplemente The Big Kahuna, el padre del surf moderno.

Nacido en Honolulu al igual que Barack Obama, Duke era descendiente de reyes hawaianos nativos y sería el encargado de llevar al surf a ser conocido en todo el mundo. ¿Cómo lo hizo?

No fue el surf lo que lo catapultó a la fama, sino la natación. Criado en la playa, evidentemente dentro del agua se sentía como pez en la ídem y en 1911 rompió todos los récords de distancias cortas en estilo libre. Pero como lo hizo dentro del mar, no se lo convalidaron, así que tuvo que cambiar la sal por el cloro, darse una ducha y zambullirse a la pileta olímpica.

Al año siguiente ganó la medalla de oro en los 100 metros libres (la prueba estrella de la natación) en los Juegos Olímpicos de 1912, con 21 años. Dicha prueba la volvió a ganar en los Juegos Olímpicos de Amberes en 1920, donde también ganó la prueba de relevos 4 x 100 e incluso integró el equipo de waterpolo de los EEUU que obtendría un 6° puesto. Su última medalla fue en París, en 1924, quedando segundo tras perder la final nada más y nada menos que con Johnny Weissmüller, más conocido como Tarzán (y cuya historia pueden encontrar un poco más allá en este mismo libro).

Durante sus años de éxitos, aprovechaba para ir por todo el mundo con su tabla de surf, realizando exhibiciones de una práctica que por entonces era casi un ritual exótico hawaiano y estaba lejos aún de ser sponsoreado por Reef y sus culos (¡¡si Duke supiera lo que se perdió!!). Así llevó el surf de Hawái a California y de allí a Australia, donde en 1914 realizó una demostración considerada la piedra fundamental de esa práctica en dicho país.

Dentro de sus grandes epopeyas, en 1925 salvó la vida de ocho pescadores que habían naufragado en Newport Beach, rescatándolos él solo a bordo su tabla, sentando un precedente a partir del cual los guardavidas incorporaron a sus artículos de primera necesidad (además del silbato, el salvavidas y el protector solar) una tabla de surf.

Así fue acompañando al surf por todo el mundo. En forma simultánea, fue también actor de varias películas de Hollywood, socorrista del selecto Los Angeles Athletic Club e incluso sheriff de Hawái durante casi treinta años.

Hoy lo recuerdan estatuas en Honolulu y otras partes del mundo, un importante torneo internacional de surf lleva su nombre y hasta aparece en un fallo de la Corte Suprema de EEUU que sentó jurisprudencia, "Duncan vs Kahanamoku" (aunque mejor no explicar de qué se trata por el bien de Duke).

Así que, rubiecitos cancheros, recuerden siempre, cuando disfruten de su fama, agradecer al Gran Kahuna.

20. RUEDA RUEDA

Rodrigo Márquez Tizano

Por antigüedad y solera, el campeonato de velocidad es la prueba estelar entre las competencias ciclistas. El título comenzó a organizarse en 1910 y entre sus filigranas destaca la de ser considerada la primera especialidad disputada en pistas argentinas, con permiso del baile. No es casualidad que en aquellos tiempos, al tratarse de dos pasatiempos con amplio tirón, la milonga y el ciclismo compartieran no sólo concurrentes, sino también escenario. Así, muchos velódromos como el del Parque Tres de Febrero o el que se ubicaba en Las Heras y Lafinur, tras dar por finalizadas las competencias, convertían sus pistas en multitudinarias salas de baile donde la sociedad porteña se daba cita para encontrar a las grandes orquestas de la época en las que brillaban maestros como Firpo, Roccatagliata o Postiglione.

Entre la larga lista de bailarines y campeones que acudían con frecuencia a las veladas, destaca un nombre: Antonio Secchi, de quien se cuenta poseía tanta habilidad con el manubrio como en el compás de dos por cuatro. Ya en los albores de la década del 20, Secchi se había proclamado como rey indiscutido del ciclismo en la Argentina. Tras conquistar el título de velocidad en 1918 y 1920, además de la Presea de Ruta ese mismo año, la mesa parecía dispuesta para que la Saeta de Villa Lugano se hiciera con el tricampeonato sin mayores contratiempos. A pesar de que entre sus rivales se contaban experimentados velocistas, ninguno parecía realmente capacitado para poner en entredicho el mandato de Secchi. Por aquel entonces habían pasado ya las mejores épocas de Alejandro Zapico; y el Tano Malvassi, quien años más tarde tendría una destacada participación en los Juegos Olímpicos de Ámsterdam 1928, aún no conseguía explotar su potencial por completo. Cuando todo indicaba que Antonio Secchi arrasaría en los tiempos una vez más, el adversario menos probable apareció para complicar la suerte.

Quizá Asem Tarbuch no contara con los sutiles movimientos que presumían los maestros del baile en su pedaleo, pero en cambio era dueño de un coraje fuera de serie. Esa fibra, cuyo origen no podía ser otro que el indómito espíritu de los guerreros de Oriente, le había acarreado al Turco una fama de obstinado y mañoso entre sus pares. La verdad es que resultaba gracioso ver al bigotón, todo músculo y potencia, encima de una bicicleta. Sin embargo, esa fortaleza física, más propia de un cargador que de un esteta, no era más que fruto de su formación como luchador grecorromano. Llegado su padre a Buenos Aires desde la lejana Damasco, el joven Tarbuch se embarcó pocos meses después en compañía de un tío que en sus años diestros había sobresalido en la lucha. De él aprendió los movimientos básicos y, fue tal su fascinación por el combate, que en cuanto tocó tierra allá por 1910, con apenas 12 años, Tarbuch comenzó a entrenarse. Más tarde se encontró con el ciclismo y tuvo que dividir su pasión entre ambas disciplinas, aunque la bicicleta estaba prohibida en la casa paterna. Entonces Tarbuch, cuando a las nueve de la noche daba por terminada la jornada en el almacén familiar, enfilaba hacia el bosque de Palermo para dar unas vueltas y no perder el ritmo. Una vez concluido el entrenamiento, la bicicleta quedaba guardada, por turnos, en los garajes de sus colegas Innocenti y Cassero. Tanta fobia tenía su padre por el ciclismo que el día del match de desempate frente a Secchi, el Turco tuvo que correr con la camiseta de calle, pues le fue imposible sacar de casa la que utilizaba para competir.

La cosa sucedió así: tras una comprometida llegada entre Secchi y Tarbuch en la última vuelta del Campeonato Argentino de Velocidad, los jueces se inclinaron por premiar al famoso ciclista, más por tratarse del campeón que por el convencimiento de aplicar un fallo justo. Como debido a "problemas técnicos", no había fotografía que demostrara su derrota, Tarbuch protestó pero la Federación, temerosa de extender el escándalo, no tardó en suspenderlo. El Turco, con más tesón que cabeza, redobló las protestas y acudió a los diarios. Secchi, cuya destreza rivalizaba sólo con su amor propio, decidió acallar los rumores de un supuesto afano accediendo a participar en un match de desempate.

—Si no le gano hoy, no le gano más—dijo el Turco mientras se apretaba las punteras.

Y ganó. Por mucho. Era un milagro. Ni siquiera fue necesario acudir al testimonio de los dos fotógrafos que, por cautela, la Federación había solicitado en la meta, pues en el sprint anterior, el de la gresca, la placa se había roto "misteriosamente" al momento de la llegada.

Tiempo después, Garabito, el fotógrafo sin foto del que se sospechaba y con razón, tuvo que explicarse:

—Yo no rompí la placa, sólo me falló la máquina. Pero la primera carrera la ganó Secchi fácil. El Turco lo que pasa es que era muy vivo.

Tan vivo que se fue como los grandes. Justo después de conseguir la hazaña, Tarbuch encontró el amor, se casó y colgó la bicicleta. Intentó volver unos años más tarde, pero ya estaba demasiado pesado y la máquina le cimbraba. Entonces volvió a su primera pasión: el encordado. Entre la grecorromana y el catch, Asem Tarbuch disputó 120 peleas, de las cuales terminó ganando exactamente el mismo número. Cuando se retiró, ya con cinco hijos, todos luchadores como él, un periodista se atrevió a preguntarle si alguna vez había participado de un amaño.

—¡Claro! Pero siempre a mi favor. Cuando me pedían dejarme perder daba la vuelta e iba derecho.

21. LOS GEMELOS CONTRA EL INFRAMUNDO

Francisco Godinez Galay

El juego de pelota mesoamericana se juega hace por lo menos 1400 años. En su versión más difundida consiste en el enfrentamiento de dos equipos de 2 o 4 jugadores en una cancha larga con paredes a los costados y aros en altura, dispuestos tal como están dispuestos los aros en el pato (ver excelente descripción espacial en el capítulo "El paraíso de Dante"). Se juega con una pelota de caucho de hasta tres kilos, y se impulsa con brazos, rodillas, codos y cadera. El objetivo es embocar en el aro, o al menos tocarlo. Se dice que quien ganaba, se sacrificaba. También se dice que pasaba eso con quien perdía. Tenía uso ritual aunque también recreativo (sin la muerte). En maya se lo conocía como pok-ta-pok (por el ruido que hacía la pelota al rebotar).

También hay una variante jugada sin aro, como un voley sin red y solo con la cadera, llamado en azteca ullamaliztli (pelota de hule). También nombrado como ulama, es actualmente practicado en Guatemala y México. Otras variantes incluyen palos como en el hockey o manoplas como en la pelota vasca. Entendemos que son deportes distintos, y que en el futuro cuando ya no haya aparatos que reproduzcan DVD y todo se vuelva a basar en conjeturas, pasará lo mismo cuando digan que los actuales hockey, fútbol, rugby y natación son variantes del mismo deporte. Y tendrán razón.

Pero, ¿quiénes fueron las máximas figuras de este deporte? Sin duda, los gemelos Hunahpú e Ixbalanqué, ambos hijos del dios Hun-Hunahpú. Su historia deportiva demuestra que no hay que darse por vencido ni aun vencido, ni muerto aun muerto. Hunahpú fue asesinado luego de osar enfrentarse de visitante contra los poderosísimos Señores de Xibalbá, habitantes del inframundo, en la siempre difícil Casa de los Murciélagos. Pero claro, lo quisieron hacer solo con cerbatanas. Luego de que su hermano lo reviviera, les jugaron la revancha en un partido de pok-ta-pok. Los Señores de Xibalbá, franquicia en claro ascenso, volvieron a ganar con una actuación soberbia de Hun-Camé y Vucub-Camé, y como en ese entonces el deporte no era una metáfora de la guerra, sino que era la guerra misma, mataron a los dos gemelos. Difícil recuperarse de dos muertes, pero el deporte da para todo, y es por eso que es tan lindo y tan horrible.

La rivalidad tenía un antecedente. Los Señores de Xibalbá ya habían matado al padre y al tío de los gemelos buenos en un partido de pok-ta-pok, que se había originado como desafío debido a que el ruido que producía el juego de pelota molestaba a los inframundanos. De hecho, los gemelos nunca conocieron a su padre, ya que fecundó a su madre Ixquic después de muerto. El mencionado padre había sido convertido en un árbol de jícara que en vez de frutos daba cabezas. Ixquic lo visitó a escondidas y fue "escupida" en su "mano" quedando embarazada. Luego emergió al mal llamado sobreinframundo y dio a luz a los atletas.

Luego de la dura derrota, los hermanos lograron revivir nuevamente, y volvieron a enfrentar a Los Señores de las profundidades en lo que fue el partido del siglo. El Real Madrid del pok-ta-pok enfrentaba al Atlético de Madrid del pok-ta-pok. Un clásico, pero donde uno es tan superior que hace casi implausible la idea de torcer la historia. Sin embargo, los gemelos iban a hacer caso omiso a esta comparación. Si habían retornado tantas veces de la muerte, y si habían nacido del amor entre una calabaza-cabeza colgada de un árbol y una mujer del inframundo, nada les podía parecer imposible.

En un partido memorable, los gemelos Hunahpú e Ixbalanqué sacaron la famosa garra maya y derrotaron a los de Xibalbá, que luego de tanto ganar ya no tenían hambre de gloria. Los inframundanos Hun-Camé y Vucub-Camé (que se traducen como Uno Muerte y Siete Muerte, entendemos que por las posiciones que ocupaban en la cancha de la vida) ya habían derrotado a su generación anterior y a los gemelos mismos. No estaban en el apogeo de su carrera y eran titulares por su historia, pero no tanto porque estuvieran pasando por un buen momento. Se jugó a vida o muerte, como se deben jugar las finales.

Los gemelos preguntan a la dupla técnica cómo ganarles a los inframundanos.

Pero no faltó la picardía. Como en el amor y en la guerra, en pok-ta-pok todo se vale. Los gemelos hicieron uso de sus conocimientos de magia para derrotar a los oscuros Camé. Luego declararían que "el Popol Vuh –la Biblia de los maya kiché, por si alguien lee esta cita en el futuro– no prohíbe el uso de la magia en pok-ta-pok, y como sabemos desde la invención del derecho liberal hacia atrás, todo lo que no está prohibido, está permitido". Vencieron a los Camé dejándolos en vergüenza.

Pero a veces el partido más importante está en casa. Nuestros héroes, que habían derrotado a las profundidades, nunca imaginaron que sus hermanastros Hunbatz y Hunchouén, sangre de su media sangre, quisieran asesinarlos por celos. A los gemelos no les quedó otra que convertirlos en monos y acabar con sus planes. Y sacarles las navajas, por las dudas.

Hoy, en Alta Verapaz, Guatemala, puede visitarse la entrada de la mítica caverna donde se dio aquel enfrentamiento bisagra para la historia del deporte. Algunos registros y pinturas de la época lo recuerdan como el Xibalbazo. Nosotros preferimos no exagerar, y señalarlo simplemente como la derrota del Mal en manos del Bien.

22. FIRPITO VS. HOLMES

Mauricio Salvador

En la ilustre historia del boxeo argentino Rodolfo Teglia es apenas una nota al pie, y ni siquiera eso. De su récord conocido, 6(1KO)-15(5KO)-2, uno apenas puede colegir que Teglia era un diletante, uno de esos boxeadores sobre cuyos rostros destrozados se sustentan las carreras de los grandes. Por su único KO, el de su debut, sabemos que no fue un gran puncheador, y ningún mago en la defensa si atendemos a las 5 derrotas que sufrió por KO. Podríamos especular más acerca de Teglia pero difícilmente agregaremos algo de utilidad a la historia del boxeo.

Sin embargo, Teglia tenía aspiraciones, como lo revela el hecho de haberse apodado como el gran peleador argentino de la época, Luis Ángel Firpo, Firpito, y como Firpo de llevar a cabo un viaje hacia México y luego los Estados Unidos en busca de su destino, cualquiera que fuese éste.

Firpito llegó a México a principios de la década del 30, justo en el momento en el que el boxeo mexicano experimentaba su primer gran momento. Siete años antes Firpo, el grande, había llegado a México en su camino a disputar en Estados Unidos el título de los pesados ante el legendario Jack

Dempsey. La gente lo había recibido como a los grandes, pero periodistas y público quedaron decepcionados por la frialdad del campeón. ¿En serio era muy difícil decir unas cuantas palabras? El 17 de junio de 1923, en la plaza de toros de la colonia Condesa, en el centro de la ciudad, Firpo noqueó en dos rounds al estadounidense Jim Hibbard, dijo unas pocas palabras al bajar del ring y sin más se dirigió al tren para continuar su viaje hacia los Estados Unidos. El veredicto fue unánime: Firpo era un gran peleador pero un pésimo entrevistado.

El Firpito era un argentino diferente: sabía empalagar con sus palabras y maneras y apenas llegado a México se hizo un frecuente de las arenas y los gimnasios. Su récord de 3 ganadas, 2 perdidas y un empate no impresionaba a nadie, pero el Firpito sabía publicitarse con los promotores y al poco tiempo se enfrentó a mexicanos que lo superaban en experiencia y maña. Gonzalo Rubio y Chato Laredo, dos preferidos del público, lo vencieron con cierta facilidad; y Baby Arizmendi, que un año más tarde se convertiría en el primer campeón mundial mexicano, lo mandó a dormir en el quinto round. Sin embargo, gracias a esta pelea fue que Teglia conoció a Valente Quintana, detective y ex jefe de la policía capitalina que por ciertos asuntos políticos había tenido que retirarse temporalmente de su cargo. Oriundo de Tamaulipas, Quintana había alcanzado las esferas más altas en su actividad como detective al grado de ser el encargado de investigar el atentado y posterior asesinato del presidente Álvaro Obregón, entre otros importantes casos. Convertido en mánager de boxeo, Quintana se encargó de guiar la carrera de su ahijado Baby Arizmendi, también tamaulipeco, y de llevar a cabo, en el año nuevo de 1932, una inédita función internacional en la que Arizmendi venció al grandísimo Fidel LaBarba.

Gracias a sus éxitos como promotor Quintana recibió una oferta para viajar y llevar a sus peleadores a Los Angeles. Sin pensárselo dos veces, Firpito hizo maletas y se fue con ellos.

En Los Angeles, Firpito se entrenó codo a codo con Arizmendi en el Main Street Gym. Ahí disfrutaba de los paseos con el campeón y su padrino, a veces ayudando en la esquina, a veces imitando como podía el estilo del filipino Speedy Dado mientras hacía sparring con Arizmendi o simplemente contando historias de su tierra, la Argentina, a los mexicanos que se reunían en el gimnasio a apreciar las cualidades de los recién llegados.

Sobre todo, Teglia disfrutaba sentarse en uno de los banquillos del gimnasio y platicar durante largo rato con don Valente Quintana, quien halagado por la atención contaba historias siniestras sobre asesinatos políticos y otras barbaridades del México revolucionario. De entre todos, era el Firpito el que escuchaba con más estupor.

-Don Valente, ¿qué piensa usted del bebito Lindbergh[1]?

-Que si me dieran el caso, lo resolvería en dos días –contestaba el mexicano.

A pesar de los arduos entrenamientos Teglia sólo pudo ganar dos de sus siguientes once encuentros. Su mejor victoria fue una venganza contra el Chato Laredo.

Después de una derrota más el encargado de la sección deportiva del periódico La Afición, Ignacio Herrerías, se acercó al silencioso argentino.

-¿Qué es lo que viene, Firpito?

-Nada, cambiar de profesión, qué se yo.

-¿Le has perdido la fe al boxeo?

-Nah, lo que pasa es que no dejo de pensar en el bebito Lindbergh.

-¿El bebé de Lindergh?

-Verá, señor Herrerías, le voy a confesar algo. Ahora que leí que capturaron a los secuestradores, ¿me creerá que sospechaba que los criminales estaban dentro de esas cuatro paredes? Ni siquiera a don Valente aquí presente se le había ocurrido.

-¿Y eso qué tiene que ver con tu carrera, Firpito? –preguntó alguien más.

-Que creo que tengo madera de detective –contestó el argentino, ante la

---

[1] El hijo mayor del aviador Charles Lindbergh (famoso por ser el primer piloto en cruzar el Atlántico, en 1927) y Anne Morrow Lindbergh fue secuestrado el 1ro de marzo de 1932 de la casa de sus padres en Highfields, New Jersey. Su cuerpo sin vida fue encontrado dos meses después muy cerca de la casa. Tras dos años de investigación, se condenó a Bruno R. Hauptmann por su secuestro y muerte (causada accidentalmente al tratar de sacarlo de su habitación). Por la fama de los involucrados, este fue un caso de muy alta exposición mediática y el motor de creación de la Ley de Secuestro Federal, conocida como Ley Lindbergh.

risa de los demás-. Por eso que me gusta escuchar a don Valente. Si pesara cuarenta libras más podría ser gendarme. ¿Usted qué piensa, don Valente, cree que podría ser un buen detective?

Acomodándose el sombrero don Valente apenas esbozó media sonrisa. Prendió sin prisas un cigarro y ordenó que dieran un masaje a su ahijado Arizmendi. Luego volvió su atención al círculo que lo rodeaba y se dirigió a un expectante Firpito:

-Creo que serías mejor detective que boxeador, Firpito.

-Eso es lo que quería oír, don Valente –dijo el argentino-. Yo también creo lo mismo.

Firpito tuvo algunas peleas más en arenitas desperdigadas de Los Angeles. Su último combate, contra Young Tommy, fue el testamento de su valentía, pues logró llegar al séptimo round ante un peleador que lo superaba en absolutamente todos los aspectos.

Es en ese 1933 que su figura desaparece. Ya no hay más registros de peleas, ni de menciones chuscas en los periódicos de la época. Y cuando Quintana y Arizmendi vuelven a México lo hacen sin el argentino. Pero a diferencia de muchos otros boxeadores, Firpito no se quedó para ser carne de cañón de la nueva camada. A los 26 años tomó sus cosas y se lanzó a la aventura. Al físico magro de 118 libras quería agregar 40 libras más, quizá para lograr su sueño de convertirse en detective. Jamás sabremos si lo logró.

23. EL VERDADERO HOMBRE MURCIÉLAGO

Adrián Desiderato

La vista, a lo largo de la historia de la humanidad, ha sido el sentido más sobrevalorado de todos. No es nada comparado con sentir un sabor, una melodía, una textura o un buen aroma, los cuales parecen directamente conectados a nuestras fibras más íntimas. Los quisquillosos de siempre dirán: "Yo prefiero no caerme en un pozo" o "si te choca un Scania de frente, no sé cómo vas a oler una flor o sentir una caricia". Jajajaja, nos reímos de los escépticos. Y nos reímos de los nervios porque tienen razón.

El deporte, como la vida, destacó siempre a los mejores: al más fuerte, al más rápido, al que salta más alto, al que salta más lejos y así, siempre en busca de premiar a los más capaces. Desde la tradición griega hasta la actualidad, en busca del hombre perfecto. Pero en la vida (vuelvo una vez más sobre ella porque se parece mucho a la vida misma) lo fundamental no es lo que somos sino lo que hacemos con lo que han hecho de nosotros, como dijo alguna vez Jean Paul Sartre, el existencialista del gol.

Y eso lo entendió bien desde niño Silvio Velo pese a no haberlo leído, al menos en forma directa. Y claro, es que Silvio nació ciego, es decir no vidente, más precisamente ciego. Hoy se ríe cuando cuenta que eso no le impidió, por ejemplo, jugar de chico con sus amigos a las escondidas aunque nunca haya encontrado a nadie (chiste con el que él mismo se presenta en su página oficial).

Pero lo que sí hizo desde niño pese a sus dificultades fue jugar al fútbol. ¡¿Cómo?! Sí, señor desprevenido, se puede ser ciego y jugar al fútbol. Y se puede jugar bien, incluso mejor que varios de los videntes que elige Caruso Lombardi al armar sus equipos.

El fútbol para ciegos se juega con una pelota con cascabeles en su interior, detectada por los jugadores por su sonido y por las indicaciones de los integrantes del equipo que sí pueden ver: el arquero y los directores técnicos. Tiene las dimensiones y las reglas, adaptadas, del fútbol de salón.

Silvio Velo integra desde 1991, hace ya más de veinte años, la Selección Argentina de Fútbol para Ciegos, mejor conocida como los Murciélagos, en referencia a los mamíferos alados que usan ondas de ultrasonido para desplazarse. Es el capitán histórico y su palmarés es tan extenso como el del equipo.

El primer torneo grande que disputaron fue la Copa América de 1997 en Paraguay. Era la primera edición oficial de dicho torneo y Argentina fue subcampeona detrás de Brasil, hecho que se repetiría un año más tarde en el mundial de la especialidad jugado en Campinas.

Luego, los Murciélagos ganarían las Copas América de 1999 en Argentina y de 2005 en Brasil, y serían medalla de plata en Atenas 2004 y de bronce en Pekín 2008. En ambos Juegos Paralímpicos, Silvio fue el abanderado de la delegación argentina.

Dos veces llegarían a la gloria máxima al ser campeones del mundo. La primera fue en 2002, nada menos que en Brasil[1], dejando a España segunda y al local en la tercera posición (o sea, ni con los yankees ni con los soviéticos). La segunda, y última, vez que Silvio comandaría al equipo al escalón más alto del podio, sería en 2006, esta vez de locales.

---

[1] Los Murciélagos sí que pueden cantar "Brasil, decime qué se siente...", sobre todo porque no le van a cantar a sus pares brasileños "Brasil, decime qué se ve...".

En este último campeonato, disputado en Buenos Aires, la final fue contra Brasil, otra potencia mundial. La verdeamarelha llegaba arrasando, llevándose a todos los rivales por delante, con catorce goles a favor y uno en contra (4-1 a Francia, 7-0 a Japón, 2-0 a Paraguay y 3-0 a España en semifinales). Argentina venía a paso firme aunque algo tambaleante, como tanteando el terreno con el bastón.

Pero el equipo argentino, y Velo en particular, sabían cómo jugar estos partidos: con los dientes apretados y los ojos bien abiertos.

El cero en aquel partido parecía inmóvil, inquebrantable, hasta que apareció él. Tras pase de Lucas Rodríguez cambiando de frente (muy superior al de Héctor Enrique a Diego), Silvio, con el 5 en la espalda, agarra la ruidosa, encara a un brasileño, lo elimina, encara a otro y lo gambetea, casi con desdén, para quedar mano a mano con el arquero y definir tres dedos, fuerte y seco, sobre la salida del mismo.

Ese gol de Silvio significó un mundial y hoy día se recuerda como el gol de Maradona a los ingleses de los ciegos o el gol del Maradona de los ciegos a los brasileños o el gol del Maradona de los ciegos a los ingleses de los ciegos o, también, el gol de Maradona a los ingleses no hecho por Maradona y no hecho a los ingleses sino hecho por Silvio Velo a los brasileños.

Dijo después del partido, abusando del humor autorreferencial, "Lo vi agachado y definí ahí...", recordándonos a Diego pidiéndole disculpas a Valdano por no pasarle la pelota después de hacer el gol de Velo a los brasileños de los videntes. Así como Maradona parece tener ojos en la nuca, Silvio parece tenerlos en la frente, o bueno, un poco más abajo, donde van los ojos, digamos.

Me dirán que si lo ponés a Silvio a jugar un partido del fútbol oficial de la nefasta FIFA para videntes no tocaría una sola pelota en los noventa minutos, que no la vería ni cuadrada. Pero sepan ustedes que lo mismo pasaría con Messi si se lo coloca a jugar un partido oficial de la nefasta IBSA, la FIFA del fútbol para ciegos, jugando con los ojos tapados como marca el reglamento.

Todos somos los reyes de alguna patria y Velo se enciende cuando se apaga la luz.

24. ¡TU HERMANA!

Francisco Godinez Galay

Reginald Wayne Miller es un historiador graduado en la Universidad de California. Pero quizás sea más conocido como Reggie Miller, uno de los mejores jugadores de baloncesto de la NBA de todos los tiempos.

Cuenta con varios récords y hazañas en su carrera. En primer lugar, el haber jugado siempre en el mismo equipo, los Indiana Pacers. Esto, sumado a su gran capacidad técnica, hizo que en Indiana lo conocieran como "el Bochini negro".

Ingresó a los Pacers siendo un novato de 18 años en el draft de 1987 y se retiró recién en 2005, vistiendo la misma camiseta (creemos que de todos modos la lavaban entre partido y partido).

En el básquetbol universitario se había desempeñado en la Universidad de California. Durante mucho tiempo fue su segundo anotador histórico, además del de mejores porcentajes de anotación en una misma temporada.

Ya en los Pacers rompió el récord que detentaba uno de los más grandes, Larry Bird: fue el novato que más triples anotó en su temporada debut, con 61. Sin duda, su capacidad desde la línea de tres fue algo sobresaliente en su carrera. Convirtió 2560 triples en sus años de actividad, siendo el récord histórico hasta 2011. En la temporada 2001/2002 anunció que donaría mil dólares por cada triple que convirtiera. La promesa le costó 180 mil verdes.

Ya desde su debut los logros lo acompañaron. Además de la cantidad de triples, fue el único jugador de los Pacers en jugar los 82 partidos de esa primera temporada. Ya pintaba para símbolo. De allí en más comenzó a promediar más de veinte puntos por partido temporada tras temporada.

Entre sus grandes hazañas se recuerda el partido de semifinales de conferencia de 1995 contra los New York Knicks en el infierno del Madison Square Garden. Los locales ganaban por 6 puntos a falta de 18.7 segundos. Reggie lo daría vuelta él solo, convirtiendo 8 puntos en 8.9 segundos. A la vuelta de un tiempo muerto, Reggie toma el balón, tira para tres y encesta. Luego, presiona sobre la salida de los Knicks, robando el balón, retrocediendo hacia la zona de 3 y tirando para volver a anotar. En poco más de cinco segundos ya había empatado el partido. Enseguida, una falta lo llevaría a la línea de libres para coronar la heroica jornada. Esa serie la pasarían para caer en la final de la conferencia en el séptimo juego contra Orlando.

Tres años después protagonizó otro momento de gloria en las finales de conferencia, nada más y nada menos que contra el mejor Chicago Bulls de todos los tiempos. En el cuarto partido, cuando perdían la serie 1-2, Reggie le dio el triunfo y el empate de la serie a Indiana, anotando un triple sobre la chicharra y en la cara del mismísimo Michael Jordan, que en vano intentó defender. Finalmente, la serie la ganarían los Bulls recién en un séptimo partido.

Gracias a Miller, los Pacers se habían hecho un equipo fuerte en su conferencia, accediendo a cinco finales en siete años. En el año 2000 pasaron a la final de la NBA, la primera en la historia de Indiana. Pero ese anillo estaba reservado para los Lakers.

Poco antes de retirarse, con 39 años, le hizo 39 puntos nada más y nada menos que a Los Ángeles Lakers, demostrando su calidad casi interminable. Ya se comentaba sobre su inminente retiro. Reggie aclaró que cuando quisiera retirarse lo anunciaría a través de su hermana Cheryl, lo que sucedió dos meses y un día después de aquellos 39 puntos.

Pero ¿por qué anunciaría su retiro a través de su hermana? Sin duda esto habla del respeto que Cheryl le infundía al gran Reggie. Es que el astro de la NBA, doceavo mejor anotador de todos los tiempos, campeón mundial en 1994, campeón olímpico en 1996 y miembro del Salón de la Fama de la NBA, cuando volvía a casa luego de alguna de sus hazañas deportivas era solo un segundón. Esta es la historia de Cheryl Miller.

Nacida un año antes que Reginald, jugaba con él en el patio o en la calle desde que eran niños, lo que contribuyó a la calidad de ambos. De hecho, Reggie cuenta que raras veces podía ganarle en el uno contra uno, y que su forma y efectividad para los triples la forjó tratando de evitar las tapas de su hermana.

En la secundaria, Cheryl jugó en el equipo del Riverside Polytechnic High School, logrando la friolera de 132 partidos ganados y solo 4 perdidos. Promedió 33 puntos y 15 rebotes por partido.

En el básquet universitario jugó para la USC, Universidad de California del Sur, entre 1982 y 1986, siendo campeona en dos oportunidades y logrando 3018 puntos, (quinta en toda la historia de la NCAA) y 1.534 rebotes (tercera en la historia de la NCAA). El récord aquí fue de 112 partidos ganados y 20 perdidos.

En 1984 fue parte de la selección femenina olímpica de Estados Unidos que ganó la medalla dorada. También ganó los Panamericanos de 1983 y el mundial de 1986, año en que la revista Sports Illustrated la nombró como la mejor jugadora de baloncesto universitario (la distinción no hacía diferencia por género). También fue MVP en 1983 y Naismith Player of the Year por tres años consecutivos (1984, 1985 y 1986).

Luego de la universidad, participó del draft de la United States Basketball League, una liga masculina de básquet de Estados Unidos. Una lesión en su rodilla cortó su carrera como jugadora. Al igual que Reggie, usó la casaca 31, que, como ocurrió con la de Reggie, fue retirada cuando abandonó su carrera. No llegó a jugar en la WNBA (la NBA de mujeres), pero sí dirigió allí. Fue entrenadora durante cuatro años de Phoenix Mercury, con quienes accedería a las finales aunque sin obtener el campeonato. Ahora se la puede ver como comentarista de básquet en televisión.

Cuenta la leyenda que en la adolescencia ambos hermanos tenían partido el mismo día. Al reunirse nuevamente en casa con toda la familia, Reggie rebosaba de alegría porque había anotado 40 puntos. Esa tarde, jugando en Riverside, Cheryl había convertido 105.

Cheryl es considerada la mejor basquetbolista de todos los tiempos. No es nada raro, considerando que era capaz de ganarle un mano a mano a una estrella NBA.

Ross: Vamos a ver a los Knicks. ¡Hoy juegan contra los Pacers de Regie Miller!
Rachel: Es el hermano de Cheryl, ¿cierto?

Friends

25. EL HUEVO DE LA MARIPOSA

Adrián Desiderato

El deporte se ha convertido en un negocio. Sí, es duro decirlo pero es así. Y, al parecer, esto es así desde hace rato (¿alguna vez habrá sido distinto?). Ya por la década del 20 del siglo ídem, el Barón (y también varón) Pierre de Coubertin se revolcaba en su tumba (pese a no estar muerto aún) al ver cómo sus postulados olímpicos de amateurismo, amistad, respeto, solidaridad y paz empezaban poco a poco a desvanecerse.

Fue así que por esa época, en un capítulo más de la milenaria lucha entre la burguesía y el proletariado (de origen muy anterior incluso a la existencia de ambos conceptos), se gestaron las Olimpíadas Obreras. Dicha competencia surgió de la mano de organizaciones obreras y de izquierda, en oposición a los Juegos Olímpicos tradicionales, ponderando una idea de amistad y hermandad entre los participantes; la competencia era contra uno mismo (que, como sabemos, siempre es el peor rival). El enemigo no era el otro competidor, entonces, sino la burguesía, el mercado, el capital y la comercialización del deporte y de los atletas (de las personas, podríamos decir).

Organizadas por la Internacional Socialista Obrera, las primeras Olimpíadas Obreras se llevaron a cabo en Frankfurt en 1925 y, para alegría de Marcelo Araujo, no se cantaban los himnos nacionales, sino "la Internacional" (para tristeza de Marcelo Araujo) y no se izaba otra bandera que no fuera una roja que representara al movimiento obrero internacional, lo cual ya no sé si le gustaba tanto a Pierre de Coubertin ("Tampoco nos vayamos a la mierda", habría dicho el aristócrata francés según una fuente de la época no muy confiable ya que era una fuente de agua, aunque es verdad también que antes se usaban mejores materiales que ahora para hacer las cosas).

Luego vinieron las del 28 en Moscú y las del 31 en Viena. En 1936, en paralelo a los juegos oficiales a desarrollarse en la Alemania nazi, las Olimpíadas Obreras iban a ser en Barcelona pero, días antes de su comienzo, estalló la Guerra Civil Española por lo que debieron suspenderse, básicamente por la superposición de horarios entre ambas contiendas. Finalmente se pudieron concretar al año siguiente en la ciudad belga de Amberes, en la que sería la última edición de esta romántica competición, donde además de la disputa deportiva se daban cita eventos artísticos y discusiones políticas (al día de hoy nadie pudo superar el récord de un húngaro en la modalidad Asamblea Estilo Libre, que llegó a nombrar la palabra "compañeros" cuarenta y dos veces en sólo sesenta segundos de discurso).

Ahora bien, ustedes burgueses, históricos multicampeones del campeonato de la doble moral, deben estar pensando "muy bien, todo muy lindo, mucha amistad, mucha solidaridad, mucha lucha de clases pero para eso hagan un picnic, hippies, yo quiero ver competencia de la buena, como en el coliseo romano, el deporte es vida o muerte, no me jodan". Para que vean, esclavos del consumo, el nivel de estas competencias, es imprescindible conocer el nombre de Symeon Boitshenko.

Decíamos antes, que en 1937 se pudieron llevar a cabo las Olimpíadas Obreras en la ciudad de Amberes y hacia allí fue este nadador soviético. No, no fue nadando, no fue esa su hazaña, los nadadores no van nadando a todos los lados.

Boitshenko nadaba estilo pecho (también conocido como "rana" o "braza"), representaba a la vieja URSS, por ese entonces no afiliada a la FINA

(Federación Internacional de Natación), y marcó el punto de inflexión de un cambio que se venía gestando hacía un tiempo en el mundo de la natación: el estilo "mariposa" comenzaba a nacer, como de una oruga, del estilo "pecho".

Hacía un tiempo ya que el alemán Erich Rademacher había comenzado a sacar la brazada fuera del agua y, reglamento en mano, comenzó a desafiar a los jueces hasta que finalmente tuvieron que aceptar dicha modificación. Es cierto que siempre lo hacía al salir de la pileta, con lo cual el reglamento se mojaba entero y no se entendía lo que decía por la tinta corrida, aunque más cierto aún es que Rade ganó su batalla y dio el primer paso en la creación del nuevo estilo.

Pero no fue más allá el alemán y se quedó en bicho canasto: la patada de pecho todavía se asemejaba a la de una rana. Poco a poco se fue desarrollando la patada fishtail o "cola de pescado", con las dos piernas juntas y golpeando el agua de arriba hacia abajo, imitando el movimiento de un delfín.

Dicha patada no estaba aceptada aún por los conservadores de la FINA, así que Boitshenko, usando la famosa "viveza soviética", formalizó una patada híbrido entre ambas (la de pecho y la de mariposa), al filo pero dentro del reglamento, con la cual asombró al mundo de la natación rompiendo en mil pedazos el récord mundial de la especialidad. En ese momento, todos los reflectores apuntaron hacia las lúdicas Olimpíadas Obreras.

El estilo mariposa se oficializaría recién en 1953, confirmando el triunfo del nadador ruso sobre la historia e inmortalizando los Juegos Obreros de Amberes como una bisagra en el desarrollo de la natación.

Así lo relató Sergei, quien presenció en vivo la carrera y nos concedió gentilmente una entrevista pese a estar muerto desde hace años: "Ese día Boitshenko se tiró a la pileta y, ante la sorpresa de todos, en el transcurso de la carrera la rana comenzó a transformarse en un delfín y el récord mundial capitalista a pulverizarse. Un minuto y seis segundos después, ante la mirada boquiabierta de todos los presentes, de la pileta emergía una mariposa".

26. RICKYLANDIA

Jorge Montanari

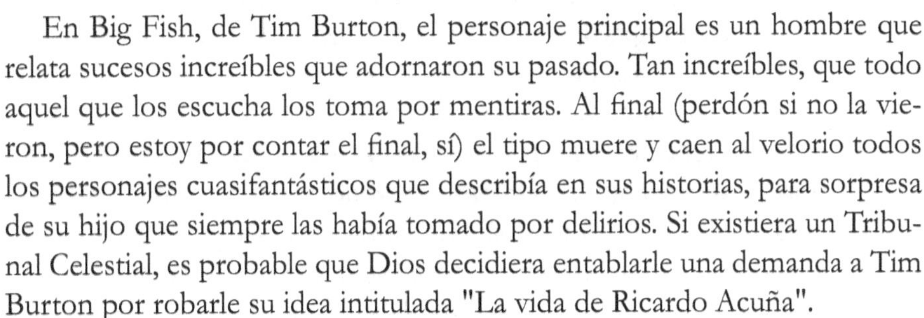

En Big Fish, de Tim Burton, el personaje principal es un hombre que relata sucesos increíbles que adornaron su pasado. Tan increíbles, que todo aquel que los escucha los toma por mentiras. Al final (perdón si no la vieron, pero estoy por contar el final, sí) el tipo muere y caen al velorio todos los personajes cuasifantásticos que describía en sus historias, para sorpresa de su hijo que siempre las había tomado por delirios. Si existiera un Tribunal Celestial, es probable que Dios decidiera entablarle una demanda a Tim Burton por robarle su idea intitulada "La vida de Ricardo Acuña".

Basta sentarse junto a Ricardo Acuña, con o sin un micrófono delante, para que comience a hablar, relatando un sinfín de anécdotas en las que es protagonista. A la tercera, ya las dudas empiezan a sembrarse. A la cuarta o a la quinta, ya es poco verosímil que un desconocido total esté ligado a tantos deportes a la vez. A la vigésima, ya no importa si lo que dice es verdad o es mentira, porque la historia es tan buena, que sesgarla con el filo de la realidad deviene tan absurdo como querer medir la belleza en centímetros. Así y todo, luego de una charla con Ricardo Acuña, uno llegará a su casa, abrirá el Google, y rastreando poco a poco y no sin alguna dificultad, se irá dando cuenta de que todo lo que ha escuchado de su boca es cierto.

Obsesivo fanático en su infancia del "Almanaque Mundial", ese libro gordo que tienen los kioscos de diarios donde año a año se relevan los datos estadísticos de todos los países del globo, Ricardo decidió conocer tantos como le fuera posible, sobre todo a través del deporte.

Ni el mismo Ricardo lleva la cuenta de todos los deportes que jugó al menos una vez, pero la cosa no queda solamente en haberlos jugado: Ricardo ha sido parte de varias selecciones nacionales, incluso jugando para más de un país, disputando hasta mundiales, a veces como jugador, otras como entrenador y hasta en alguna ocasión cumpliendo ambas funciones a la vez.

Ricardo es un conocedor por excelencia de los deportes alternativos y basta mencionarle el nombre de un deporte raro que uno se haya cruzado al azar en Youtube para que cuente al instante en qué países se juega o quiénes son sus practicantes más famosos. Su pecho se hincha de orgullo cuando habla, por ejemplo, del campeón mundial de remontada de barriletes indoor, un argentino capaz de tener un barrilete en el aire adentro de un teatro burlándose de Newton en un espacio sin viento.

Tanta pasión lo llevó a erigirse presidente de CADALT, la Confederación Argentina de Deportes Alternativos y de CODASPORTS, la Comisión de Deportes Alternativos de Argentina, desde cuyos marcos difunde por todo el país deportes como el Sepak Takraw o el Ring Tennis. Pero, sin quedarse en la comodidad del deporte ajeno, Ricardo Acuña es el inventor del Ringosport, un deporte que nació en el laboratorio de su mente cruzando el Ring Tennis con el Ultimate Frisbee. Así, cada año, en los diferentes encuentros nacionales de deportes alternativos, tanto seguidores de la primera hora como neófitos curiosos se arrojan la goma de una rueda de bicicleta infantil por los aires jugando su deporte.

Entre sus curiosos antecedentes, Ricardo Acuña ha sido jugador y entrenador de la selección nacional de bádminton; entrenador de la selección nacional de rugby league (el rugby de los pobres que sólo tenían libres los domingos, nacido a la vez que el rugby union que conocemos todos y que perteneció siempre a los chetos que podían darse el lujo de jugar los sábados en lugar de trabajar); jugador de la selección italiana de lacrosse en un mundial (sin tener ni una gota de sangre italiana, por supuesto) y manager de la selección argentina de este deporte; y también representó a Argentina en el mundial de court handball, por nombrar una más. En su juventud jugó en la reserva del Olmedo, club ecuatoriano de primera división, lugar al que llegó por azar luego de tratar de emular el viaje en moto del Che, pero con una bicicleta —por falta de presupuesto—, y con el temprano inconveniente de quedarse a pie en Córdoba tras un asalto, lo que, camioneros solidarios mediante, le terminó generando inesperadamente esta oportunidad. En otro momento la vida pareció alejarlo del deporte y se dedicó a vender comida en Tijuana, en un local que quedaba a exactas tres cuadras de los Estados Unidos. Compartió mesa con Gabriela Sabatini y paseos deportivos con Alberto de Mónaco. Le sacó una foto a Maradona con una raqueta de bádminton, y le regaló alfajores baratos a un gobernador de la India.

Haciendo gala de cierta máxima que sostiene que el éxito está a un mail de distancia, Ricardo está siempre atento a los mundiales de cualquier deporte que se organicen en cualquier lugar del globo. Es entonces cuando, si no consta que la Argentina ya tenga oficialmente una selección de ese deporte, Ricardo la organiza y contacta a la entidad que la regula a nivel internacional. No importa que muchas veces nunca llegue una respuesta ya que otras veces, cada tanto, sí llega. Así, por ejemplo, Ricardo Acuña se convirtió en el director técnico de la Selección Argentina de Kabaddi, el deporte más popular de la región del Punjab, compartida por la India y Pakistán. Su selección, apodada "Los Chanchos", ya fue invitada a la fecha cinco veces por la organización y no defraudó más allá de que todo el plantel estaba jugando el primer partido de kabaddi de su vida justamente en el debut del primer Mundial.

Por supuesto, esa vez, y pese a llevar cincuenta abriles en la frente, Ricardo se mandó a la cancha a sí mismo en el último partido, ya sin chances de clasificar, pero con la gloria de jugar un mundial más, cuerpo a cuerpo contra las moles humanas que ganan decenas de miles de dólares en el kabaddi profesional. La actuación argentina, lejos de ser vergonzosa, trajo una histórica primera victoria contra Sri Lanka, el 11 del 11 del 11. Al año siguiente, victoria ante Kenia, con el Gran DT en el banquillo y decenas de miles de personas rugiendo en el estadio. Así, después de cada partido, Ricardo debió hablar en vivo por la televisión punjabi para millones de televidentes, en un inglés particular en el que el acento del Chubut donde reside se mezcla un poco con el de todas las partes del mundo. Los magnates y gobernantes de la región lo han invitado a ostentosas recepciones. Hasta el Templo de Oro (templo principal de la religión sij) recibió al optimista de la trotamundez y lo vistió con telas y túnicas sagradas.

Bajito, morrudo, de pintones ojos celestes y con una labia capaz de convencer a un vendedor del Gran Bazar de que le compre algo a él, Ricardo sigue agazapado, listo para dar un nuevo pequeño gran golpe.

27. EL LUCHADOR DEL PUEBLO

Patricio Gronda

Estimado lector, lo invitamos a hacer un pequeño experimento: deje su cómodo sillón y baje por el ascensor. No, no es automático, va a tener que llamarlo cuando pare… sí, sí, pero es que el consorcio no quiere invertir ahora en un asc… bueno, tenga en cuenta que es un edificio antiguo… Igual, no entiendo porque le estamos explicando esto, si estaba en su propia casa leyendo el libro. Usted debería saberlo mejor que nosotros.

Decíamos, lléguese hasta la esquina de su barrio y detenga gente al azar. Con templanza y firmeza, pregúnteles cuál es el deportista más importante de la historia de Irán. No, no el más ganador: el más importante, el que todos quisieran ser, el que mejor representa los valores del Javanmardi. Lo esperamos mientras hace la prueba.

Si usted está realizando esta encuesta en las atestadas calles de Teherán, seguramente la respuesta que ha recibido en más ocasiones es Gholamreza Takhti (Qolāmrezā Taxti en el persa original). Por otro lado, si la está realizando en Buenos Aires (o casi en cualquier otra ciudad del mundo, para el caso) seguramente la respuesta que ha recibido en más ocasiones es una marcada expresión de confusión, tal vez algún insulto y probablemente un silencio atroz. Pero aun en este último caso es probable que el deportista que haya sido nombrado más veces sea Gholamreza, aunque en relación de una vez cada ochocientas veintitrés miradas de confusión.

Bien, habiendo realizado este experimento que demuestra absolutamente nada salvo que es usted una persona muy adepta a seguir las ordenes de cualquiera que le hable desde la página impresa (además de poseer un ego importante: no es el único lector del libro, ¿por qué no supuso que le hablábamos a otro?), podemos pasar a explicar en detalle quién es el Sr. Takhti.

Gholamreza Takhti (cuyo apellido significa "banco alto", debido a que su abuelo era conocido por sentarse en uno cuando, en 1920, por primera vez en Irán se reglamentó la obligación de tener un apellido) nació el 27 de agosto de 1930 en Khani Abad, uno de los barrios más pobre de Teherán. Su padre era un fabricante de hielo poco exitoso y la vida no fue fácil para los cinco hermanos de los cuáles él era el menor. A tal punto era mala la situación económica de la familia que llegó a ser desalojada y pasó tres días en la calle, hasta poder alquilar dos habitaciones en una casa del barrio. Esto le daría una perspectiva a nuestro protagonista muy clara sobre la pobreza, sus efectos y cómo actuar frente a ella.

Con una infancia difícil, habiendo abandonado la escuela y sin muchas perspectivas de futuro, a nuestro héroe le quedaban pocas salidas: el delito, el deporte o el ejército. A sabiendas que con el delito no llegaría a ser el ejemplo de caballerosidad deportiva por el que iba a ser conocido, se decidió por el deporte e ingresó en un varzesh-e zurkhaneh (casa de los deportes de fuerza), un gimnasio que combinaba actividades deportivas y religiosas, en un estricto orden de realización que culminaba con la lucha libre, el deporte más importante. Su entrenamiento en este literal templo de los deportes afirmaría sus convicciones religiosas.

No sería, sin embargo, hasta su ingreso al ejército en 1948 que su carrera deportiva se activaría. Fue allí que fue descubierto por un capitán que también era secretario de la Federación Iraní de Lucha Libre.

El ascenso, una vez descubierto, fue veloz. En 1950 ganó el primero de muchos campeonatos nacionales; en 1951 su primera medalla de plata en el Campeonato Mundial de Helsinki (el primer luchador iraní en ganar una medalla internacional) y en 1952, nuevamente en Helsinki, la medalla de plata olímpica. En total ganaría tres medallas olímpicas (una de oro y dos de plata); dos campeonatos y dos sub-campeonatos mundiales de lucha, y una medalla de oro en los juegos asiáticos.

Ahora bien, dijimos al principio que no era el luchador que más medallas había ganado y lo mantenemos, aunque no le vamos a decir quién es. Y no se lo vamos a decir porque no es lo más importante. Los logros deportivos están muy bien, pero lo que nos interesa es la vida de nuestro Pahlavan.

¿Qué es Pahlavan? Es un término que se le aplica a los grandes campeones en Irán, pero que representa mucho más. Un Pahlavan no es sólo un campeón, es un ejemplo moral, justo, abnegado, amable, una personificación del javanmardi (la caballerosidad deportiva), pero que se aplica a todos los actos. Y es por ser la mayor encarnación moderna de este concepto que Gholamreza Takhti es el más querido deportista iraní.

Por ejemplo, tras derrotar al campeón mundial Anatoli Albul en Moscú, Takhti se acercó a su madre (la de él... eh, la de Albul) y le dijo que "lamentaba el resultado, ya que su hijo era un gran luchador" (no aprovechó, lamentablemente, para hacer el mismo chiste que nosotros). Asimismo, cuando se enfrentó por la medalla de oro con Medved en el 62, Takhti sabía perfectamente que el pie de su rival estaba lesionado de un combate anterior y fue justamente por esto que nunca buscó golpearlo en ese sitio.

Pero no solo de deporte vive el hombre y no solo en la arena muestra los valores. Gholamreza era simpatizante del Frente Nacional y del primer ministro Mossadegh, quien se encontraba desde 1960 bajo arresto domiciliario, enfrentado abiertamente al régimen (malvado) gobernante del Reza Shah Pahlavi. Esto, por supuesto, convertía al luchador en un enemigo del mismo, manto que asumía con mucho gusto.

Cuando en 1962 un grupo de estudiantes de la Universidad de Teherán decidió festejar el aniversario de la elección de Mossadegh, el Régimen no tardó en enviar cadetes de policía y trabajadores de la compañía de autobuses a terminar con la misma... con toda la violencia posible. Comenzó así una batalla campal, que sólo terminó cuando Takhti se presentó en el lugar con otros atletas del Frente Nacional. Al reconocerlo, estudiantes y sicarios se unieron en un saludo y continuaron los festejos en conjunto. Estos últimos fueron castigados al otro día, pero ¿quién les quitaba lo bailado?

Meses antes, en 1961, un terremoto había matado a cuarenta y cinco mil personas en Boein Zahra, al oeste de Irán. Afectado por el sufrimiento, nuestro Pahlavan caminó una de las avenidas principales de Irán de un extremo al otro, pidiendo ayuda a quien se encontraba por el camino y sumando a otros atletas en la cruzada. Cuenta la leyenda que, al verlo, una anciana se quitó el velo y se lo entregó, diciendo que era lo único que tenía y que aunque lo había usado toda la vida, sabía que Dios la iba a perdonar por quitárselo.

Sea esto último verdad o no, la realidad es que se juntaron camiones de ayuda para los necesitados. En el camino, los camiones fueron detenidos por la Cruz Roja Iraní, quienes pretendían entregar ellos la ayuda, quedándose con el mérito. Temerosos de que nunca llegara a los necesitados, los atletas y activistas del Frente Nacional se enfrentaron con los gendarmes, los derrotaron y luego entregaron la ayuda en persona, ganando aún más simpatía por parte del pueblo.

Como es de suponer, el Régimen no sentía ningún cariño por nuestro protagonista y durante la segunda mitad de los 60 decidió tomar cartas en el asunto. Ya que por su popularidad no podían enfrentarlo directamente, probaron darle cargos políticos, prohibirle la participación en eventos deportivos y finalmente humillarlo en las canchas. Para esto, le pidieron que participe en diversas competiciones que, semi retirado y con poca práctica por la prohibición, no tenía oportunidad de ganar. Y, efectivamente, no ganó, sino que perdió y hasta de forma vergonzosa. Pero lo que no tuvieron en cuenta sus enemigos es que una leyenda no tiene derrotas, solo victorias menores; y que tras cada viaje, sin importar el resultado, una multitud lo esperaba en el aeropuerto, dispuestos a enamorarse cada vez más de su héroe.

Tristemente, una historia así no puede terminar en festejos. El 7 de enero de 1968 los medios iraníes anunciaron que Gholamreza Takhti había aparecido muerto en un hotel de Teherán. El veredicto fue suicidio. Sin embargo, nadie lo creyó. Todos sabían que había sido asesinado por la SAVAK, la policía secreta del Reza Shah Pahlavi y el rumor se repartió como los piojos en un pelotero. Al funeral asistieron miles y se convirtió en un evento anti-Shah. Al menos siete personas se suicidaron al saber de su muerte, la cual hasta el día de hoy se conmemora.

Pero la realidad es que no sólo no se ha encontrado ninguna prueba de que la policía secreta estuviera involucrada sino que la documentación encontrada que da cuenta de este tipo de hechos durante el reinado del Shah (y es mucha) no aporta nada y que, además, otras muertes atribuidas al Regimen tuvieron sus posteriores rectificaciones al encontrarse evidencias que desligaban al gobierno. Todo parece indicar, entonces, que no fue el Régimen el causante del suicidio, sino las deudas, la depresión y el tener que vivir con un código de conducta que no permitía ser menos que perfecto.

Así que, querido lector, ya sabe: la próxima vez que alguien no sepa quién es Gholamreza Takhti, no lo mire mal: actúe como un Pahlavan, invítele un café y proceda a contarle que se puede ser grande en todos los sentidos.

¡Nada de **cabras** eneste estadio!

28. KEN ES QUIEN

Juan Pablo Álvarez

Tuvieron que pasar muchos años para que el fútbol se pareciera a lo que entendemos hoy como tal. Si bien ya en 1870 se había jugado la primera Copa de la FA en Inglaterra, fue recién en 1872, por ejemplo, que aparecieron los travesaños reemplazando a las cintas; hubo que esperar hasta 1875 para ver un lateral con ambas manos que fuese legal; y los cambios por lesión fueron un tabú hasta su legalización en 1965. Con la cuestión de las faltas y las sanciones disciplinarias el camino fue aún más sinuoso. Como todos saben, el fútbol fue estructurado normativamente por los ingleses, más específicamente por oligarcas victorianos, gente que desconfiaba de legislar algo que creían debía ser un honorable encuentro entre caballeros. Las sanciones eran para gente en desarrollo, como los niños o los pobladores de las colonias; los gentlemen podían autogobernarse. Cuando William McCrum inventó el penal en 1891 se encontró con el acoso de la prensa hegemónica y de las personas malas. Le dijeron que quería imponer esta regla para el lucimiento de sus colegas, los arqueros (de alguna manera el tiempo les dio la razón), que iba a arruinar la paz del juego, e incluso algún otro, como el jugador de cricket CB Fry, señaló que jugar bajo una ley que asumía que los jugadores tenían la intención de derribar o empujar a un adversario como si fuesen canallas de la más baja estirpe era un insulto para los deportistas. Pero no es de McCrum de quien vamos a hablar, sino de alguien que dejó una huella aún más imborrable en la historia de las leyes del fútbol: hablamos de Ken Aston.

Ken Aston no será un nombre familiar para muchos, salvo para la familia Aston. Nació en Colchester y creció en uno de los senos de una familia acomodada, tal como era la costumbre de aquella época. Estudió abogacía para complacer a sus padres, pero rápidamente comprendió que lo suyo no eran las leyes de la sociedad, sino las del fútbol, que eran más importantes pero a las que les faltaba elaboración. Se recibió como árbitro en 1935 y comenzó a dirigir en primera división recién en la temporada 1949/50. En el medio, vale decirlo, fue rechazado por la Royal Air Force por un tobillo dañado, pero finalmente cumplió su sueño de participar en el horror de la Segunda Guerra Mundial combatiendo para la Artillería Real.

No fue fácil para Aston volver de las calamidades de la guerra que tantas satisfacciones le habían dado, por lo que decidió llenar ese vacío con mucha creatividad en su vida arbitral. El primer gran revuelo lo armó cuando decidió vestirse completamente de negro. Hasta entonces los árbitros se vestían con un saco de tweed sobre una camisa blanca, algo que a nuestros ojos de hoy en día se ve muy bien, aunque un toque hipster. Aston, sin embargo, decidió que era tiempo de cambiar y, quizás en homenaje al luto y a la neutralidad, adoptó el negro para siempre (lo que le valió el mote de "el Brangelina de los árbitros"), o al menos hasta que en la década del 90, el mundo, en pleno auge menemista, decidió que los árbitros se vistieran con los peores colores disponibles.

Aston quería más. Y en su afán por cambiar el arbitraje desde la apariencia emprendió en 1947 contra los banderines de los jueces de línea, eternos protegidos por el establishment. Hasta aquel año bisagra (los historiadores de los banderines se refieren a 1947 como "el año cero" o "EL año"), los banderines eran provistos por el equipo local y siempre contaban con sus colores. Esto, además de ser un claro intento de influenciar cromáticamente a los asistentes, era un verdadero problema cuando los colores del equipo eran gris, negro o blanco, ya que en los días de niebla (fenómeno no muy raro en Gran Bretaña) no se percibían a distancia. Aston tuvo una idea genial, aunque obvia: hacer banderines de colores llamativos. Según cuenta él mismo, una tarde después de uno de estos partidos jugados con poca visibilidad, compró dos impermeables baratos, uno amarillo y uno rojo, y a partir de ellos armó un juego de banderines de cada color, que lo acompañarían durante los partidos.

Una vez retirado, Ken se dedicó a su trabajo en el comité de disciplina y fue entonces que llegó su mejor jugada. Era una tarde como cualquier otra en el mundial de 1966 jugado en Inglaterra. El local enfrentaba a la áspera Argentina y el alemán Kreitlin intentaba hacerle entender a Rattín que había sido expulsado luego de, supuestamente, pensar que el argentino lo estaba insultando. Ya conocen esa historia y sus mitos: Rattin dio muchas vueltas, estrujó banderitas, caminó por la alfombra de la reina, le metió la traba al príncipe, vomitó en el Big Ben, se sacó los mocos en la tumba de Shakespeare y muchas cosas más. Pero, además, en ese mismo partido, Jackie Charlton fue amonestado, aunque sin enterarse de eso sino hasta después del pitido final. Aston se quedó pensando, a partir de estas incidencias, en el problema que generaba la falta de un método eficaz para comunicar advertencias y expulsiones. La solución estaba a la vuelta de la esquina, más precisamente en un semáforo, que detuvo a Aston mientras volvía en automóvil a su casa. Amarillo precaución, roja fuera. Era ideal. Aston le contó estas ideas a su esposa Hulda, quien sin mediar palabra se encerró en su habitación para salir unos minutos después con una gran tarjeta roja y una gran tarjeta amarilla hechas con cartulina. Ya nada volvería a ser lo mismo.

29. PESO A PESO

Juan Martín Gutiérrez

Todo empezó aquella noche cuando volvía de escuchar a su cantor preferido, Alberto Marino, y sus amigos, que viajaban con él en un auto por la avenida Pavón en Avellaneda, que se encontraba en plena refacción, lo desafiaron a levantar un adoquín de esos que marcan el cordón de la vereda. Lo levantó sin inconvenientes, a pesar de los ochenta kilos que pesaba la piedra, asombrando a todos. Solo tenía 15 años. Costó bastante que lo convencieran de dejar el básquet para que empezara a practicar el deporte que lo llevó al más alto nivel mundial. Pero lo lograron.

Imaginamos el momento en que este muchacho se sentó frente a sus padres y sin dudar les dijo: "Soy halterófilo". También imaginamos que su madre se puso a llorar gritando "Dios, ¿qué hicimos mal?" mientras su padre se levantaba para pegarle un sopapo. Pero por suerte nada de lo que imaginamos pasó, porque en esa época ser halterófilo no estaba mal visto, no como ahora, en que a la halterofilia se la trata de llamar levantamiento olímpico de pesas, para evitar malos entendidos.

Pero ¿de quién estamos hablando? Obviamente de Humberto Selvetti, el más grande levantador de pesas argentino de la historia.

En 1952, en los Juegos Olímpicos de Helsinki, "El Gordo", como le decían, siendo el competidor más joven se alzó con la presea bronceada, algo que lo catapultó a la fama en el país y, ¿por qué no decirlo?, fuera de él también (del país, no de Humberto).

Se acercaban los Juegos Olímpicos de Melbourne de 1956 y su entrenador Alfredo Pianta intentaba convencerlo de que no se dedicara de lleno al canto (su otra pasión), a lo que Humberto le contestaba "Usted sabe, don Alfredo, que si yo me dedico de lleno cuatro meses a fondo llego. Llego, don Alfredo, créame", según podemos leer en una nota de la revista El Gráfico del 25 de enero de 1957.

Y llegó nomás. Formó parte del pequeño grupo de atletas argentinos que participó de esos Juegos Olímpicos. En la Argentina, la Revolución Libertadora, que había derrocado en 1955 al General Perón, no tenía mucho interés en invertir dinero en el deporte, pero eso poco le importó a Selvetti, quien viajó solo, sin su entrenador, sin siquiera un delegado, algo que a la postre sería decisivo.

En la competencia debía enfrentarse al estadounidense Paul Anderson, uno de los más grandes halterófilos de todos los tiempos, quien en 1955 había sido el primer ser humano en levantar 500 kg (no de una sola vez, sino sumando tres levantamientos). Este enfrentamiento terminó siendo uno de los más recordados de la historia de este deporte.

Cabe aclarar que en ese entonces cada levantador tenía tres intentos para cada modalidad, que también eran tres, sumándose la mejor de cada una.

Humberto empezó con todo y tiró en el movimiento de fuerza: 165 kg, 175 kg y falló en 180 kg. Anderson tiró 7,5 kilos menos. En la segunda modalidad, el movimiento de arranque, levantó 130, 140 y 145 kg, lo mismo que el norteamericano. Quedaba sólo una modalidad, la de envión, y Selvetti levantó 175, 180 e intentó 185 kilos, pero no pudo. Anderson tenía que levantar 187,5 kilos para empatarle al argentino. Lo intentó y fracasó dos veces. En ambas había llegado con la barra a la altura de sus ojos. El momento era dramático. Anderson lloraba y su equipo lo rodeaba para darle ánimo. Y en su último intento el hijo de remil putas lo consiguió.

Empataron en 500 kilos pero, por esos caprichos del reglamento de la FIFA de la halterofilia, como el argentino pesaba 143 kilos y Anderson 138, la medalla dorada fue para el estadounidense, colgándose Humberto la plateada.

Ya de vuelta en Argentina, el gordo se lamentó por los errores cometidos que, en caso de haber podido viajar con su entrenador, no hubiesen ocurrido. El primero fue la estrategia. Cuando en fuerza, ya con 175 adentro, intentó los 180; y en envión, luego de los 180, intentó los 185, solo debía intentar 2,5 kg más en cada uno y no 5 kg, según el mismo declaró. El segundo error fue no tener en cuenta su peso ni el de Anderson, que había bajado 27 kg en los meses previos a los Juegos por consejo médico. "¡Qué podía saber yo si ese tipo pesaba 140 o 150 kilos!", declaró Selvetti.

El Gordo se convirtió en un ídolo en su país. Su carisma y talento lo llevaron rápidamente a participar en exhibiciones en la televisión levantando autos y grandes piedras y dedicándose a su otra pasión, el canto. También incursionó en la actuación, filmando dos películas con José Marrone y trabajando en televisión con el mismísimo Pepe Biondi. Hoy, el gimnasio de pesas del Centro Nacional de Alto Rendimiento Deportivo (CENARD) de la Argentina lleva su nombre.

Esta fue la historia de un hombre que consiguió que los argentinos no tengamos vergüenza de decir que tuvimos a uno de los más grandes halterófilos de todos los tiempos.

30. RON CON COLA

Francisco Godinez Galay

Todos tuvimos el sueño de destacar en el verde césped de una cancha de fútbol. Pero es un sueño difícil de realizar. Y más para quien no es humano.

El 22 de mayo de 1991, en Chile, Boca debió enfrentar a Colo Colo por la semifinal de la Copa Libertadores. Luego del tercer gol que catapultaba al cacique a la final continental, todo se desbordó. La gente invadió el campo de juego, se desató una batalla campal entre los jugadores, y en el medio del desbarajuste, un perro policía se soltó y mordió la nalga de Carlos Fernando Navarro Montoya, el Mono, arquero símbolo de aquel Boca.

Lo que pudo haber sido solo una anécdota creció y dio vuelta al mundo en épocas en las que las redes sociales no existían para facilitar algo así. El perro Ron, un ovejero alemán de los carabineros, se hizo famoso. Logró triunfar a su modo en un deporte solo reservado para elegidos y humanos, y trascender en un estadio en el que hasta el mismísimo Boca Juniors había caído derrotado.

La mordida del perro Ron fue un video de Youtube antes de Youtube; un meme antes de los memes; un retuit y un compartir antes de las redes sociales.

El perro Ron, lo aseguramos, inaugura así la estructura de la posmodernidad, pero después de la posmodernidad, es decir, en la posposmodernidad.

Definido por su instructor como "alegre y juguetón", tenía una disciplina intachable. Incluso formaba parte de cada festejo patrio en el que los carabineros participaban. Hasta aquel día de furia en el que cambió su dedicación y vocación de servicio por el desenfreno de las cámaras y el escándalo.

Formaba parte de VII Escuadrón de Suboficiales de Carabineros junto a Jack, Pola, Laika, Nerón, Bucky y Mister Chips. Pero fue demasiado fervor para Ron. Ya el primer gol de Colo Colo había supuesto la invasión de campo y las cargadas de los jugadores chilenos. Luego, el 2 a 0 del argentino Barticciotto y el festejo en la cara de Giunta y Batistuta. El descuento de Latorre para el 2-1. Y cuando vino el tercero del albo y una nueva invasión de campo, la distracción del cabo Veloso, quien debía sostenerlo, se combinó con los nervios de Ron. Nunca se sabrá por qué la víctima fue Navarro Montoya, ni por qué la nalga elegida fue la derecha. Pero lo hecho, hecho está.

Ron recibió regalos y hasta fue invitado especial a la final, en la que el Colo Colo le ganó a Olimpia de Paraguay para consagrarse como único campeón chileno de la historia de la Libertadores. De allí en más, el "cachetero", como también se lo recuerda, es un héroe nacional.

Años después de este suceso, y ante un compromiso de Boca contra la Universidad de Chile en 2012, el coronel Guillermo Benítez aseguró que el perro "ladraría por La U". ¿Anti Boca o anti Argentina? Según el carabinero, "Fue un gran perro y no sólo por lo que hizo aquel día". También justificó su acción y reconoció su valor en el control de aquel desborde: "No nos gusta que los perros policiales muerdan, pero él puso las cosas en orden y paró la pelea. Fue una mordida controlada".

Ahora bien, ¿por qué asegura que "ladraría por La U" y que "fue un gran perro"? Sí, Ron falleció en 1997. A partir de allí se constituyó en una leyenda para la hinchada colocolina. Está enterrado en el cementerio canino del cerro San Cristóbal, en el centro de Santiago. Su lápida reza: "Aquí yace el noble ovejero alemán, baluarte de su raza y ejemplo para la especie humana". Todos los 22 de mayo, hinchas del Colo Colo van a su tumba a rendirle homenaje.

31. DE MILLONARIO A MILLONARIO

Marcos Zurita

Jorge Alejandro Newbery nació de una relación sexual fecunda que mezcló material genético de Ralph (norteamericano, odontólogo) y Dolores Malargie (buena argentina, pese a su apellido). "Un odontólogo y Dolores no pueden llevarse mal", decían las viejas en el barrio.

Transitó por el planeta Tierra en un momento y un lugar especial: la Argentina de finales del siglo XIX y principios del XX, granera del mundo, con sindicalistas anarquistas en las clases bajas y conservadores oligarcas en el poder.

Jorgito estaba más cerca de los segundos, pero como vamos a ver, no tenía el frac de la clase puesto. Estudió ingeniería en los Estados Unidos y fue alumno de Thomas Alva Edison, al que recordaba como "un ser de luz". De regreso al país dio clases junto a Otto Krause en los albores del conocimiento técnico industrial.

Cuando conoce a Santos Dumont (brasilero, ingeniero), descubre la aeronáutica y se entusiasma como un niño frente a un Messi de dulce de leche (?). Hoy las calles que portan sus nombres son paralelas, ironías del catastro urbano. En la navidad de 1907 monta su primer globo aerostático, El Pampero, y cruza el Rio de la Plata junto a Aarón Félix Martín de Anchorena Castellanos (era una época en donde la oligarquía reprimía y se hacía millonaria, pero hacía). Le sale tan bien la hazaña que hace lo que cualquier argentino haría en su lugar: ir por todo, creerse Dios. Y así, dos años después, a bordo de su tercer globo, Huracán, bate el récord sudamericano de duración y distancia; haciendo 550 Km en trece horas y pasando por Argentina, Brasil y Uruguay.

A la vuelta de su aventura, Jorge Alejandro Newbery recibe una carta desde Parque de los Patricios. Un grupo de entusiastas le pide permiso para usar el globo Huracán en la camiseta del club que están formando. Jorge Alejandro responde: "Al dar contestación a su expresiva y atenta carta, en la cual me solicitan mi conformidad para que vuestro Club pueda usar el distintivo del globo Huracán, doy mi más completa conformidad esperando que el 'team' que lo lleve sobre el pecho, sabrá hacerle el honor correspondiente al esférico que de un solo vuelo cruzó tres repúblicas". Huracán logra dos ascensos consecutivos, llegando a Primera. Los entusiastas le mandan otra carta: "Huracán ha cumplido. Atravesó tres categorías, como su globo cruzó tres repúblicas y así satisfacemos su deseo".

En 1895 deja la aviación de lado por un rato y continúa sus aventuras. Se propone defender en el ring la superioridad del boxeo frente al savate. Se preguntarán qué es el savate. Eso no hace otra cosa que indicar que Newbery logró ganar ese duelo. El savate (algunos lo llaman "boxeo francés"[1]) es un deporte que utiliza técnicas del box pero también permite utilizar las piernas (es verdad que el box también permite utilizar las piernas, pero solo para trasladarse, en cambio en el savate se utilizan en un estilo más "Schiavi"; esto es, pegar patadas).

Luego de ayudar a abrirle la puerta al boxeo, se encuentra otra vez en un período de eutimia, del que es sacado con un nuevo entusiasmo: la esgrima. En 1901 gana el título sudamericano de florete y años más tarde derrota al

---

[1] Otros lo llaman oxímoron.

campeón francés de espada en el Jockey Club en una velada tremenda donde el público se burlaba del galo al grito de "¡Comequeso!" y "D'Artagnan, D'Artagnan, (…) te la dan".

En 1908, un nuevo ataque de aburrimiento lo encuentra en una competencia de remos, venciendo a los hermanos Müller (Thomas y Carucha) en los 1000 m con remos largos.

Al tiempo que realiza todas estas actividades, Jorge Newbery es funcionario público. Entre otras cosas, municipaliza el servicio de alumbrado (en ese entonces separado del barrido y la limpieza), que era manejado por empresas privadas monopólicas.

En 1910 publica un libro sobre el petróleo, que básicamente decía que había que conservar las reservas petroleras en manos del Estado.

Estos dos últimos párrafos muestran a un hombre que políticamente escapa del destino oligarca chauvinista de la patria y casi que si nos apuran, podríamos decir que fue el primer peronista.

En el tango "Corrientes y Esmeralda", Celedonio Flores le dedica una estrofa que creemos es brillante y pertinente (en ese orden) "Amainaron guapos junto a tus ochavas / cuando un cajetilla los calzó de cross"[2].

Pero bueno, la parca tiene una mandíbula más fuerte que los taitas de entonces y el 1º de marzo de 1914 lo sorprende al caer su avión en un campo en Mendoza, donde se encontraba preparando un cruce a los Andes. Se dice que luego de un almuerzo, una dama le dijo que quería verlo "maniobrar el aeroplano", pero Jorge Newbery no entendió la metáfora sexual, se montó al avión de su amigo Teodoro Fels y se puso a hacer unas piruetas que terminaron con su muerte.

El entierro en la Chacarita es multitudinario y Jorge Alejandro Newbery, el cajetilla, pasa a la historia como un ídolo popular, sobrevolando las tensiones de clase.

---

[2] Lo que ocurrió fue que un grupo de malevos se hicieron los guapos, burlándose del Jorge y éste, utilizando su técnica boxística, los durmió de un par de piñas.

32. FÚTBOL, VALS Y TRAGEDIA

Marcelo Assaf – Francisco Godinez Galay

La figura que desplegaba sobre el campo de juego era tan particular que le decían "der Papierene" (hombre de papel), por su delgadez y la habilidad con la que sorteaba rivales a finales de los 20 y comienzos de los 30. Pero también lo apodaban "El Mozart del fútbol", gracias a la fineza y la elegancia con que jugaba. Lideraba a la Selección de Austria, que lucía un mote especial, el "Wunderteam" (equipo maravilla), y que marcó una época bajo el mando del profesor Hugo Meisl, quedando como uno de los mejores conjuntos en la historia del fútbol.

Matthias Sindelar nació en Viena el 10 de febrero de 1903, en una familia de inmigrantes de Bohemia y Moravia. Aprendió a jugar al fútbol en las calles del barrio Favoriten, paradójicamente no muy preferido para habitar, por ser un área industrial dedicada a la producción de ladrillos. Por esto, a los Sindelar, como a muchos otros, se los denominó despectivamente "ladrillos checos", evidenciando que por esas regiones la violencia verbal no era el fuerte, como sí lo sería la física.

Sindelar padre murió en 1917, durante la Primera Guerra Mundial, por lo que Sindelar madre siguió trabajando en una lavandería que tenía en la misma casa donde vivían, en el número 75 de Quellenstrasse, para alimentar a Sindelar hijo y a las tres Sindelar hijas. A pesar de la escasez de recursos (económicos, no futbolísticos), "Motzl" se las ingenió para jugar con una pelota armada con ropa vieja.

En 1918, a los 15 años, debutó en Primera División con el Hertha de Viena, mientras trabajaba como aprendiz de mecánico. Luego de una operación de meniscos, en 1924 pasó al Austria Viena. Desde ese momento comenzó a demostrar su calidad con la obtención de numerosos títulos, a la par que encumbraba a su selección.

Su aspecto desgarbado hacía que "el hombre de papel", encarnara una curiosa figura que ganaba velocidad desde el arranque. Despertó el interés de clubes ingleses, pero él prefirió quedarse en su tierra natal, donde arrastraba multitudes interesadas en ver los inventos del astro local.

En efecto, los estadios se llenaban para presenciar sus actuaciones; algunos viajaban para seguir sus partidos, y generaba un fanatismo en escritores como Friedrich Torberg (quien le dedicó un poema) y Hans Weigel, así como en actores y grandes fotógrafos. Pronto el hombre de papel fue una sensación.

En esos tiempos, la Selección de Austria se consolidó como una de las mejores del mundo. Llegaron a disputar la semifinal del Mundial de 1934, pero claro, el rival era la Italia de Mussolini y el Mundial se jugaba en la Italia de Mussolini.

Italia ganó 1 a 0, no sólo gracias a la sospechosa actuación del árbitro sueco Ivan Eklind, y un césped que era puro lodo, sino también porque había estudiado muy bien al Wunderteam. El gol lo hizo el argentino Enrique Guaita, en fuera de lugar. Así llegaron a la final que le ganaron en forma angustiosa a Checoslovaquia, mientras que una Austria desmoralizada perdía en el duelo por el tercer puesto ante Alemania por 3-2. En el ánimo del equipo había pesado el enterarse que la noche previa al choque con los italianos, Mussolini le había invitado una cena a Eklind…

Pero no todo era fascismo en la Europa de esos años. También estaba el nazismo. Pronto estalló la Segunda Guerra Mundial, y el 12 de marzo de 1938 Alemania anexó a Austria a su territorio, aprovechando su crisis político-social, para hacerla desaparecer como país. Los austríacos habían ganado el pase al Mundial de Francia, pero al no tener representatividad como nación, mucho menos la podían tener como selección.

Alemania, no conforme con devorarse a un país, quiso a sus mejores futbolistas para combinar en su equipo a la raza aria con la escuela del Danubio. Algunos aceptaron, pero Matthias Sindelar no. Es que parte de su sangre era judía y tenía espíritu libre, dos cosas que no se llevaban del todo bien con el ideal nazi. Ante cada convocatoria, simulaba lesiones con tal de no plegarse a una expresión del régimen de Hitler.

Hasta que sucedió algo muy particular. Para celebrar el Anschluss, el 3 de abril de 1938 se disputó en el estadio Prater de Viena un partido entre alemanes y austríacos, incluyendo una orden para que estos últimos se dejasen ganar, por si cabía alguna duda. Durante el primer tiempo hubo una especie de pantomima, cuando Sindelar y los suyos dominaban el juego pero a la hora de los remates, el balón salía desviado intencionadamente. Era tan obvio que era a propósito, que hubiera sido más digno para los alemanes recibir una goleada antes que esa burla. Pero en el fútbol como en el nazismo, lo que cuentan son los resultados. Y mientras el marcador no señalara la vergüenza que los teutones estaban viviendo en el campo de juego, estaba todo bien.

Para la segunda mitad no fue posible seguir con la mentira. Los austríacos no sabían jugar mal, por lo que Austria interpretó su mejor vals, dándole un auténtico baile a los germanos. El clímax de la función estuvo en el gol que Sindelar anotó de vaselina, incluyendo una danza en el festejo, ante 60.000 personas y justo delante del palco de las autoridades nazis. Hay quienes afirman que Sindelar hizo el conocido gesto del "Topo Gigio" de cara al Führer. Esto fue tomado como una auténtica provocación, confirmando que el astro era un rebelde del régimen autoritario. Karl Sesta hizo el segundo gol para sellar un resultado lógico y significativo. Austria le ganaba a Alemania en el partido preparado para demostrar la superioridad de los de Hitler. Un escándalo.

Entonces la Gestapo (policía secreta oficial alemana caracterizada) comenzó a apretar y a molestar a Sindelar permanentemente. Se le impidió jugar, que era lo que más le gustaba hacer, y también trabajar o salir del territorio. Cayó en una profunda depresión y el 23 de enero de 1939, cerca de cumplir 36 años, su amigo Gustav Hartmann lo encontró muerto en su cama, junto a su pareja, la italiana Camila Castagnola.

Algunos sostuvieron que fue suicidio, otros que inhaló gas proveniente de la calefacción, otros que lo mataron, en un hecho que nunca fue aclarado. "Envenenamiento por monóxido de carbono", dijo la autopsia. Y si alguien estaba dispuesto a investigar, la policía extravió los reportes al terminar la guerra. Tan impreciso es el motivo de su deceso como la cantidad de público que asistió a su funeral (15.000 dicen algunos, 50.000, otros). La cuestión es que concurrió una multitud porque en verdad era una celebridad.

El poema de Friedrich Torberg describe mejor que nada, lo querido y talentoso que fue el hombre de papel, así como lo difícil de traducir que es el alemán y la falta de musicalidad, delicadeza y metáfora que existe en ese lado del mundo:

La muerte de un jugador de fútbol

El jugaba fútbol como ningún otro,
desbordaba ingenio e imaginación.
Jugaba con facilidad, una chispa de fuego y humor.
Siempre jugaba, nunca peleaba.
Durante algún tiempo permaneció con la vista fija,
antes de irse a casa.
En el fútbol, como en la vida,
la Escuela de Viena había llegado a su fin.
Siempre fue bueno para las jugadas combinadas.
Su sentido de la estrategia le hacía sentir que tenía
oportunidad hasta el último respiro.
La puerta por la cual pasó
lo amenazaba muy oscura y silenciosamente.
Era un muchacho de Favoriten.
Su nombre fue Matthias Sindelar.

En Viena una calle lleva su nombre: la Sinderlastrasse, y en cada aniversario de su muerte recibe ofrendas florales. Descansa en el Zentralfriedhof (Cementerio Central de Viena), al igual que Beethoven, Brahms, Schubert y Johann Strauss, otros grandes de la historia del arte.

33. PUNTITO INTELIGENTE

Adrián Desiderato

El empate no existe en el deporte estadounidense. Los yankees no pueden entender que no haya un ganador y un perdedor en un partido, como en la vida. El origen de este pensamiento se remonta seguramente (o tal vez, no, nada que ver) a la vieja Roma, también conocida como la Antigua Roma.

Los combates entre gladiadores comenzaron bastante antes del nacimiento de Jesucristo, posiblemente en el siglo III antes del affaire Cristo o Cristogate. Los gladiadores eran principalmente prisioneros de guerra, esclavos o condenados a muerte que hacían una especie de "probation" para paliar su pena, aunque también había hombres libres que lo hacían vaya a saber si por plata, fama, carencia de aminoácidos en su dieta cuando niños o por las famosas "espaderas", como se llamaba en la época a las señoritas que los acechaban en los boliches.

El hecho es que en los combates debía haber siempre un ganador; los empates, si bien podían llegar a existir, no eran bien vistos, sobre todo porque eran 0 a 0. El pueblo romano quería sangre y el emperador de Roma, en general, no solía ser de esas personas que se desmayan cuando ven una jeringa. De hecho, una derrota podía significar la muerte si así lo decidía el César, a pedido del público. Asimismo, una victoria podía traer consigo la libertad.

En este marco, en el año 80, se llevaron a cabo los juegos inaugurales del Coliseo. El Anfiteatro Flavio como era conocido en ese momento, se había empezado a construir diez años antes durante el reinado de Vespasiano y fue terminado por su hijo mayor Tito luego de su muerte (ojo, la muerte de Vespasiano, no la de Tito). Tito había empezado su mandato con un brote de peste, un incendio en Roma y la erupción del Vesubio que destruyó la ciudad de Pompeya, por lo que no le alcanzaba con echarle la culpa a la oposición y decidió hacer un evento a lo grande para ganarse a la gente. Así es que decidió inaugurar el Coliseo con unos Juegos que duraron más de cien días, con muertes de todos los colores y para todos los gustos, componente esencial de toda buena celebración.

El día de apertura de los Juegos se daría un episodio histórico. La jornada comenzó, como de costumbre, con los espectáculos con animales por la mañana, seguido por las siempre simpáticas ejecuciones de criminales al mediodía, durante el almuerzo, para luego dar paso a los esperados combates de gladiadores por la tarde.

Y hubo un combate que se llevó todas las miradas. Dos esclavos, Prisco y Vero, comenzaron la lucha a escudo y espada. Lucharon y lucharon. Dice el poeta Marco Valerio Marcial, quien nos hizo llegar su poema (no personalmente, claro): "... Prisco y Vero alargaban el enfrentamiento, y por largo tiempo la lucha fue igualada en ambos lados...". De golpe, la gente, al ver la entrega y la entereza de ambos, comenzó a variar su pedido de sangre por un reclamo de libertad para los protagonistas. Pero Tito no cedió, debía haber un ganador, así lo indicaba la ley.

Sin embargo, la paridad no cedía, espada viene, espada va, "... altos y repetidos gritos reclamaban la libertad para los hombres..."; con ellos el pueblo, quizás por única vez, había empatizado, identificándose en su lucha de esclavos contra esclavos. Tito empezó a aflojar y les mandó alimentos durante un descanso y regalos para estimularlos.

Pero nada, seguían luchando sin sacarse ventaja, "... se llegó al final con la misma igualdad: iguales al luchar, iguales al ceder...". Hasta que Tito, finalmente, tal vez por demagogia, tal vez porque lo esperaba la mujer en la casa con una sopa que se estaba enfriando, decretó un empate.

Pero no fue un empate cualquiera, donde perdían los dos. Por primera vez en la historia, ganaron los dos; ambos recibieron su palma que los decretaba triunfadores. Y no sólo eso, también obtuvieron, de parte de Tito (o Héctor para los amigos), la deseada espada de madera, el símbolo de su pasaporte hacia la libertad.

34. MASTER OF THE UNIVERSE

Francisco Godinez Galay

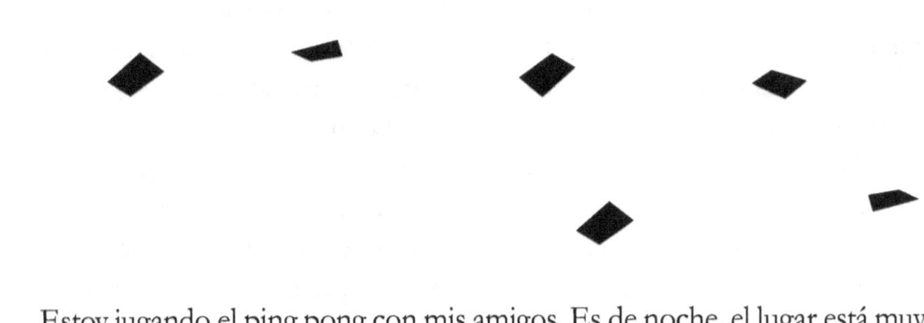

Estoy jugando el ping pong con mis amigos. Es de noche, el lugar está muy húmedo. Luego de esperar un rato, tenemos la mesa para divertirnos. Quien no juega, aprovecha para comer un sánguche de crudo y queso que el Gallego —el mozo del café al que bautizamos así sin que sea gallego ni que él supiera de su apodo— trajo con cara de pocas ganas pero haciendo alguna broma.

Se escuchan dos pies arrastrarse lentamente y detenerse al lado de nuestra mesa. Es un viejo, como los que abundan en este bar. Pero está vestido con ropas deportivas, el pantalón por el pecho y una gran mochila llena, muy llena, le dobla su ya de por sí doblada espalda. El viejo nos mira jugar con ojos curiosos, respetuosos pero notando todo lo que nos falta. Susurra.

—Ahí le tenés que pegar de revés.
—Sí, pero no tengo un buen revés.
—A ver, dejame...

Sin darnos cuenta, el viejo deja su mochila y ya está jugando contra uno de nosotros.

El universo tiene varios planetas. Es conocido el hecho de que uno de ellos es la Tierra. Menos sabido es que la Argentina es un país que forma parte de ese planeta. Bien, sigamos avanzando. Buenos Aires es la ciudad más importante de Argentina. Villa Crespo es uno de los barrios característicos de esta ciudad. El bar San Bernardo es un emblema del barrio. Y Oscar Master, emblema del San Bernardo, y por lo tanto, en cierto modo, del universo. Esta es la historia del más famoso ignoto jugador de ping pong.

Solemos ir al San Bernardo desde hace años. Mucho antes de que se volviera un lugar hipster, claro. Todos los hipsters lo son desde mucho antes de que existiera el hipsterismo, y todos fuimos a todos los lugares cuando no iba nadie, cuando eran tristes, feos, poco cool. Pero esta vez es en serio.

Oscar Master, nombre de batalla de un tal León Glustein, con su indefinible edad a cuestas (¿70? ¿80? ¿120?) siempre estaba desde antes de que uno llegara. Y la mayoría de las veces se quedaba después de que uno se iba. Jugaba al ping pong todo el tiempo que podía, pese a su edad. Es que al ver su espalda encorvada, su mirada hacia el piso, sus pasitos cortos y arrastrados, nadie diría que se transformaba tanto al comenzar los partidos, que jugaba como se deben jugar las finales: sabiendo que es un juego y nada más. Y en cierta manera, las impresiones que podíamos tener no se equivocaban: Oscar no movía más que su muñeca y con eso era suficiente.

Un halo de misterio inevitable se posa sobre este personaje. Noche tras noche que vamos, ahí está. Sábado, jueves, lunes. Ocho de la noche, tres de la mañana. Juega y juega. Lo observo, disimuladamente. Me da la sensación de que solo quiere ser uno más. No está con amigos, conversa con cualquiera. En cierto modo, todos estamos en su casa, somos visitantes de su morada. ¿Por qué no habría de dejarnos jugar contra él?

Sigue parado mirando alguna mesa, paciente, sabiendo que pronto se va a escuchar un "Oscar, ¿quiere jugar un partidito?". Pronto eso sucede y se agolpa la muchedumbre (¿3 personas? ¿8?) a ver lo increíble. Oscar vuelve a transformarse. Juega rápido, fuerte y bien. Juega. Y no pierde. Como siempre, tira consejos al aire: el que los agarra, que se los guarde.

Oscar cambió el deporte. Sin saberlo, y sin que nadie se enterara. Hizo que el deporte volviera a lo esencial. No había fama, ni dinero, ni grandes copas, y, en su lugar, había pasión por el juego. Por el juego mismo. Por pasar una noche más amando un juego, divirtiéndose. Tan revolucionario como eso. Y como tantos otros que aún juegan por jugar.

Entre sus logros se encuentra la realización de la Copa Oscar Master de ping pong en el café San Bernardo, que el salón de ping pong del bar lleve su nombre, un microdocumental que puede verse en Internet y un capítulo en un libro sobre personajes del deporte. Pero sobre todo, haberse erigido como un personaje del barrio, haberse hecho mosaico en los recuerdos fragmentados de cada uno de los que alguna vez lo vimos.

Agobiado por la falta de recursos, y teniendo que llevar algo para la casa, Oscar empezó a cobrar por jugar. Por enseñar, como él le llamaba. 10, 15 pesos la hora. Había que pagar la mesa y además el honor, barato, de jugar contra el maestro. Y claro que uno aprendía. Aprendía a tener los reflejos bien despiertos (su pelota profunda era muy veloz), a estar atento (como solo movía su muñeca, era difícil saber a dónde iban sus tiros), y a no dejarse derrotar por una derrota, aunque suene raro.

Oscar Master jugaba al ping pong, no al tenis de mesa. Así lo decía él, y esa es una buena definición para entender quién fue. O el diálogo que alguna vez entablamos entre partido y partido:

—Yo, de pibe, también jugué al fútbol.
—Ah, ¿sí? Qué bien, ¿dónde?
—En un baldío, ahí en Lanús...

Una noche, como las otras, cuando a la madrugada notó la hora que era y lo apartado de la realidad que había estado por jugar, tomó su mochila y se fue. A la noche siguiente a todos nos faltaba aquella mirada sutil sobre nuestra mesa, y aquel comentario correctivo que nos tiraba antes de desafiarnos a jugar.

Vuelvo al San Bernardo y hago un ejercicio. Menciono a Oscar Master entre los empleados del café y los viejos que juegan cartas o buraco. No hay nadie que no lo recuerde. Pocos pueden evitar una sonrisa. Y otros, estoicos, rudos, se disculpan conmigo porque justo en ese instante, se les ha metido una basurita en el ojo.

35. GAMBETEANDO LA GLORIA EN LA NEBLINA

Jorge Montanari

Muchos conocen las historias de jugadores como el paradójicamente casi homeless Houseman, o el mítico George Best, paladín pre-hipster, paradójicamente demasiado mainstream para este libro. Players tan amigos del alcohol como de la pelota, displicentes, rebeldes, y de los cuales nunca falta gente que diga que han sido realmente los mejores de su época. Las mieles del reconocimiento mundial pasaron cerca, muy cerca, de la vida de Sergen Yalçın, pero terminaron en otros panales. Es que Yalçın ha sido estrella, pero ha podido ser mucho más. Carl Sagan diría que teniendo la masa suficiente como para convertirse en una magnánima supernova, se contrajo directamente para quedar como una enana blanca. Quizás ese sea también el fin de nuestro sol, pero para eso por suerte todavía falta mucho.

Nació en 1972, y debutó en primera en el '91 en el Beşiktaş, uno de los cuatro grandes del futbol turco. Volante con gran llegada y muchos goles en su haber, ídolo de la hinchada y uno de los mejores jugadores a nivel nacional, Sergen no podía con su genio antiprofesional y tampoco se esmeraba en ocultarlo. Al igual que lo que se decía de Willington en nuestras tierras, Sergen Yalçın cambiaba de punta en el segundo tiempo para jugar siempre del lado de la sombra. Ya llevaba casi cincuenta goles cuando, luego de una dura derrota ante un equipo mediopelo, el presidente del Beşiktaş declaró en público que Sergen no se cuidaba ni hacía nada de lo que tenía que hacer un jugador de futbol de su clase. Sergen no se amilanó por estas palabras, sino que redobló la apuesta: "Si este tipo no renuncia, a partir de mañana no vengo a entrenar ni a jugar más. Que se ponga él la 10 y salga a jugar como enganche del Beşiktaş". El club le impuso una multa económica bestial. Algunos mediadores pudieron calmarlo y hacerlo pedir disculpas, pero la multa siguió vigente y entonces Sergen, que estaba colgado por la dirigencia, decidió marcharse y fichar por el İstanbulspor, un club chico que gastó lo que no tenía y lo contrató en el '97.

En ese entonces Sergen Yalçın era uno de los mejores enganches de Europa y varios empresarios lo sabían. Así fue que el Inter y el Milan italianos quisieron aprovechar la movida para poner un poco más y llevárselo. Pero Sergen no jugaba desde hacía meses… Cuando llegó a Italia para decidir por cuál club ponía el gancho, los tanos le vieron la barriga y todos le cerraron las puertas. De vuelta a Turquía, lo contrató una empresa deportiva y lo cedió al Fenerbahçe, donde poco después salió ante las cámaras a decir que el técnico no sabía nada de futbol porque lo hacía jugar de wing. Y como el técnico insistía en hacerlo jugar donde a él no le gustaba, simuló una lesión en un entrenamiento. En su vuelta, entró desde el banco y se perdió un gol hecho contra el Bursaspor. Nadie le creyó que se lo hubiera comido sin querer y, como la hinchada lo puteaba, se tomó en venganza todo el tiempo del mundo para ir a patear un corner, cuando se iban los minutos y su equipo necesitaba imperiosamente la victoria. Todo le importaba un rábano, para decirlo de manera fina. Lógicamente, ese partido marcó su salida del club.

No había sido esa la única vez que Sergen se erraba algún gol imposible. Sergen Yalçın adoraba los juegos de azar, y por eso desde chico apostaba en toda clase de tómbolas deportivas. Así, si por ejemplo apostaba unas buenas liras turcas a que el domingo iba a marcar tres goles, peleaba cada jugada a muerte y pateaba de todos lados hasta que los metía. Lejos de ocultarlo, Sergen confesaba con adorable inocencia que no pasaba la pelota a sus compañeros algunas veces porque había apostado a que metía algún gol que todavía no había hecho. Eso sí, cuando alcanzaba la marca por la que había apostado, Sergen empezaba a rematar con una intencionadamente horrible puntería, o directamente pedía el cambio.

Pero al mismo tiempo, cada vez que Sergen era convocado para defender la camiseta de la selección turca, jugaba de manera espectacular, y el interés por contratarlo afuera volvía a crecer. No se entendía cómo no estaba jugando en una liga más competitiva todavía. El Barcelona, el Bayern Munich y el Borussia Dortmund pidieron cotización por su pase. Pero Sergen estaba tan caliente con la dirigencia y con los hinchas del Fenerbahçe, que quiso vengarse eligiendo irse a jugar al Galatasaray, su archirrival. No pudo jugar la copa UEFA (la que ganó el Galatasaray ese año) porque llegó al club con la competencia ya empezada. Por eso, mientras el plantel viajaba a Inglaterra para enfrentarse con el Leeds United por la semifinal, el equipo técnico acordó con él que se quedaría entrenando en Estambul esa semana. Sergen entrenó de una manera bastante particular: como en Turquía no hay casinos, se tomó un vuelo a la República Turca del Norte de Chipre, donde los hay por doquier. Cuando volvió a Estambul, se encontró con el plantel que volvía de Inglaterra, y, lejos de mentir o de inventar alguna excusa, Sergen le dijo al director técnico —el mítico Fatih Terim- que estaba cansado por el viaje que se había mandado, así que si no le parecía mal, pretendía tomarse libre el día siguiente en vez de ir a entrenar. Los gritos se escucharon desde los dos continentes, y Sergen quedó de nuevo sin club.

Nuevamente, su nombre estaba en boca de los clubes europeos listos para pegar su zarpazo y ficharlo. Picó en punta Bobby Robson, confeso admirador del juego de Sergen, y entonces estuvo a punto de incorporarse al Newcastle inglés. Pero una vez más algo salió mal, y así Sergen terminó incorporándose al cuarto grande de Turquía, el Trabzonspor. Fue el primer jugador en pasar por las cuatro camisetas. Pero no le iría bien al estar lejos de la noche movida de Estambul, donde quedaban sus clubes anteriores y , sin la gasolina para el alma que era la joda para Sergen, pasó una temporada futbolística para el olvido. Ya que estaba, se peleó también con Mustafá Denizli, técnico de la Selección en ese entonces, por no ponerlo de titular en la Eurocopa del 2000: "Este tipo evidentemente tiene un problema en la cabeza", dijo.

El Galatasaray le dio otra oportunidad, para reemplazar al mítico rumano Hagi que se iba. Todo estaba bien, metió dos goles en su primer partido por Champions League y el técnico decía que éste era el renacimiento definitivo de Sergen. Justo en esos días, el nuevo DT de la Selección, Şenol Güneş, tenía que cerrar la lista para el mundial de Japón-Corea 2002 y el renovado Sergen era una fija… Pero, esta vez que el eterno rebelde estaba focalizado y encaminado hacia la gloria, el destino lo esperaba con una rotura de ligamentos. Increíblemente, injustísimamente, Sergen se quedaba afuera de la lista. Turquía fue la gran sorpresa de ese mundial, en el que terminó tercera. A su regreso de la lesión, Sergen tenía una cantidad de kilos de sobrepeso tremenda. Se le dio el ultimátum de bajarlos o rescindirle el contrato. No los bajó.

De regreso en el Beşiktaş, en el 2003, la magia que nunca abandonó sus pies volvió a hacer ruido: de visitantes contra el Chelsea del multimillonario Roman Abramovich silenciaría al Stamford Bridge entero con dos golazos para la victoria más trascendente del club en su historia internacional. Pero Sergen cada vez entrenaba menos y salía más. Un periodista le preguntó si no lo ponía incómodo el hecho de que Bülent Korkmaz, capitán mítico de la Selección y el Galatasaray con 29 títulos oficiales en su carrera, entrenaba horas extra con 36 años para mantener su nivel. La respuesta de Sergen se volvió famosa: "Él hace eso porque es malísimo. Yo soy crack, puedo jugar sin entrenar". Sonó así y todo otro llamado desde más allá de la frontera, esta vez con la chance de ir al Real Madrid, que, para concretar su pase, le pidió que bajara cuatro kilos. "Si bajo cuatro kilos me pongo a laburar de jockey", respondió.

El francés Tiganá, técnico en el 2006, lo anunció fuera de sus planes y pronosticó su retiro. Sergen de calentura nomás fichó para un equipo de la tercera categoría. La siguiente temporada pasó a uno de la segunda y, como líder del mismo, logró el ascenso a la Super Liga. Ahí mismo, ya en mitad de 2008, Sergen dijo basta y se retiró. Se arrepintió mucho de no haber concretado nunca un pase a Europa.

No. Usted está esperando que este capítulo termine trágicamente, con Sergen cirrósico atropellado por un tranvía antes de cumplir cuarenta. Pero por suerte, Sergen Yalçın hoy en día, vivito y coleando, es el director técnico del Gaziantepspor de la primera división turca. Y si bien sufrió hasta la última fecha con la posibilidad del descenso, terminó la temporada zafando justito, algo que unos cuántos grandes como bien sabemos, no han podido evitar.

36. YO JOHNNY, TÚ LECTOR

Patricio Gronda

Acapulco, 22 de enero de 1984

AaaaAAAHHHHHAAAAAAAAAAAaaaaa

El grito resonó en la tarde lluviosa del cementerio Valle de la Luz de Acapulco. Estruendoso, ofrecía un contraste marcado con el contexto de deudos susurrantes y tumbas silenciosas. Como podía preverse, levantó algunas cabezas y exclamaciones de molestia entre aquellos que pretendían que el descanso en paz de los suyos comenzara en el mismo silencio que reinaría para toda su eternidad.

Con un movimiento de cabeza le hice una seña a mi acompañante que iba a ver qué pasaba. No podía irme sin tener en claro quién gritaba en una situación así. Aquellos con los que estaba congregado podían esperar unos minutos a que saciara mi curiosidad.

AaaaAAAHHHHHHAAAAA AAAAAaaaaa

El segundo ataque de sonido fue tan inesperado como el primero, aun cuando tuviera ya un antecedente. El sonido era cascado, opaco, sucio, con frituras. El oído un poco entrenado se daba cuenta inmediatamente que partía de una grabación y no de una garganta presente.

Me acerqué al sector del que salía. La llovizna hacía el pasto resbaloso y por momentos temí caerme y avergonzarme enfrente de ese pequeño grupo que alrededor de un menhir de piedra de alrededor de un metro y medio de altura con una pequeña placa de bronce y un árbol al costado se aprestaba a depositar en tierra a quien allí los había reunido.

Al llegar a la tumba leí el nombre, y los recuerdos de las historias que mi padre solía contarme volvieron a mí de golpe, como una bala, como un grito en un cementerio silencioso.

AaaaAAAHHHHHAAAAA AAAAAaaaaa

*****

Ellis Island, 26 de enero de 1905

El empleado de migraciones de Ellis Island estaba tan aburrido como todos los días. Ya llevaba horas en su puesto recibiendo a los pasajeros del SS Rotterdam cuando un joven se le acercó respetuosamente junto con su familia.

—Papeles... A ver... ¿Peter Weissmüller? Procedencia... ¿Párdány, Imperio Austrohúngaro? ¿Viaja solo?

—No, señor, estoy con mi esposa Elisabeth y mi hijo Peter Johann. En realidad somos de Freidorf, no de...

—Bien, bien, Párdány, entonces, que lo sé escribir mejor... ¿Destino?

—Vamos a pasar unos días en Chicago y luego iremos a Windber, Pennsylvania, donde me han conseguido un trabajo en una mina.

—¿Planea quedarse?

—Es la idea, formar una familia aquí.

Sin más interés que cumplir con las formalidades, el empleado les hizo una seña de que pasaran. Peter Weissmüller, ahora con una nueva ciudad de origen dada como en tantos casos por la poca prestancia de los empleados de migraciones (su ciudad de origen real, Freidorf, se encontraba en el reino de Hungría, parte del Imperio Austrohúngaro, y que actualmente es Rumania; por otro lado, Párdány se encuentra en la actual Serbia, a poca distancia de la frontera con Rumania), juntó a su esposa y a su joven hijo de tan sólo siete meses y se dirigió a tomar el barco que lo llevaría desde la isla en la cual se erige la Estatua de la Libertad hasta tierra firme, el lugar en el que comenzaría a vivir el duro y engañoso sueño americano.

En Chicago vivirían algunos meses, tiempo suficiente para que el segundo hijo de la pareja, llamado Peter en un rapto de originalidad, naciera. De allí, se trasladaron a la ciudad en la que vivirían los próximos años.

****

Windber, 1914

El médico dejó los anteojos sobre la mesa y miró al hombre que tenía enfrente.

—Lo que su hijo Johann tiene, Sr. Weissmüller, es polio, definitivamente. No parece un caso grave y creo que con una alimentación adecuada y ejercicio podrá controlarse. Personalmente, le recomendaría la natación. Da maravillosos resultados, es muy positiva para el físico y, quién sabe, quizás tengamos a una futura estrella del deporte con nosotros.

Peter Weissmüller tomó a su hijo de nueve años de la mano y salió de la consulta. Afuera lo esperaba su esposa con su hijo menor quien era todo un ciudadano norteamericano. Con pocas palabras, le comentó la situación y decidieron que el mayor de sus retoños iba a comenzar a nadar lo antes posible.

Y Johann comenzó a nadar y lo siguió haciendo aun luego de regresar a Chicago y afincarse definitivamente allí. De hecho, perfeccionó su técnica en el lago Michigan, uno de los cinco Grandes Lagos de los Estados Unidos, que se encuentra en la costa de esta ciudad (o, más precisamente, es al revés: la ciudad se encuentra en la costa del lago), en donde también trabajó como guardavidas. Su habilidad y determinación le ganaron un puesto en el equipo de nado de la Young Men's Christian Association.

Fue en otro de sus trabajos, como ascensorista y botones del Illinois Athletic Club, que llamó la atención del entrenador de natación William Bachrach (suponemos que no en el ascensor sino mientras utilizaba la pileta. Aunque, con lo buen mozo que era Johann, no nos sorprendería que haya sido al llevarlo a pasear en su elevador). Bachrach lo tomó bajo su ala y gracias a sus consejos y prácticas, nuestro protagonista logró ganar los campeonatos nacionales de 50 y 220 yardas de 1921.

Ya era un deportista conocido en los admitidamente pequeños círculos de la natación; y la posibilidad de competir representando a su país adoptivo estaba más cerca. Sólo había un problema...

****

Chicago, 1921

El duro banco de madera en el que se encuentra sentado Johann Weissmüller está empapado por el agua que cae de su cuerpo luego de la dura sesión de entrenamiento. El vestuario está frío, pero el joven casi no lo siente. Sabe que está en el buen camino y eso le calienta el alma. Los Juegos Olímpicos de París 1924 son un sueño que parece cada vez más cercano.

—Johann, tenemos un problema. El equipo de nado de Estados Unidos te quiere. Tu invicto actual entusiasma y creen... creemos... que podés lograr muchas cosas en este deporte. El problema es tu nacimiento. Si hubieras nacido en Estados Unidos ya te habrían llamado sin dudas, pero así como están las cosas no parece que puedas competir internacionalmente para este país.

—Entiendo... ¿Y si hubiera nacido en Estados Unidos? ¿Y si en vez de mi fecha de nacimiento, damos los datos de mi hermano? ¿Y si en vez de Johann, ahora soy Johnny?

A partir de ese momento, la carrera del ahora llamado Johnny Weissmüller fue siempre en subida. En 1922 rompió el récord de Duke Kahanamoku en 100 metros estilo libre, convirtiéndose en el primer hombre en nadarlos en menos de 1 minuto (58,6 segundos). En 1924 se presentó por primera vez en unos JJOO junto con el equipo de EEUU en natación. Los resultados fueron más que positivos: tres medallas de oro sobre tres posibles en natación: 100 metros libres (compitiendo contra el ya mencionado Duke Kahanamoku), 400 metros libres y 4x200 metros libres. Además, también formó parte del equipo de waterpolo ganando una medalla de bronce.

Cuatro años después repitió el 100% de eficacia en Ámsterdam 1928: compitió en 100 metros libres y 4x200 metros libres, y en ambos casos se llevó la presea de oro. Un capo, bah.

Entre 1921 y 1929, años en los que desarrolló toda su carrera profesional, Johnny ganó nada más que cincuenta y dos campeonatos nacionales estadounidenses. Estableció la nimiedad de 67 récords mundiales. Además, es uno de los pocos que pueden contestar con mucha tranquilidad a la pregunta de "¿a quién le ganaste?". A todos. Nunca perdió una carrera y se retiró con un récord amateur invicto. En 1950 fue elegido como el mejor nadador de la primera mitad del siglo XX.

****

Mientras recuerdo esta carrera deportiva, hay algo que me molesta, algo atrapado en el fondo de mi mente... Un grito en la jungla, un hombre de pocas palabras y grandes acciones, un nombre... Tarzán.

****

Beverly Hills (Código Postal: 90210), 1932

El traje le queda ajustado al nadador que espera los resultados del casting que acaba de hacer. El físico desarrollado por años de competencias no ha sido descuidado en los tres años desde el retiro y es una bendición, ya que el papel que tiene que desempeñar en la pantalla grande requiere de grandes condiciones físicas. Finalmente, se abre la puerta.

—Johnny, nos gusta lo que propone. Creo que podemos llevar a cabo algo muy bueno, que a la gente le gustará. Ya tenemos el guión de la primera película, Tarzan the ape man, pero creemos que podemos confiar en el éxito. Si hasta ahora las películas de Tarzán han funcionado bien, ahora con el cine sonoro podemos hacer cosas fantásticas. Por eso, estamos pensando en un contrato de siete años, por varias películas.

—¿Dónde firmo? ¿Y cuándo empezamos a filmar?

Tarzán, el hombre mono, creado por Edgar Rice Burroughs para la revista pulp All Star Magazine en 1912, es para ese momento ya un ícono de la cultura popular. Sus historias cuentan la vida de John Clayton, hijo de una pareja de aristócratas escoceses quien, tras la muerte de sus padres en un viaje de exploración por la selva africana, es adoptado por una familia de monos. A partir de allí desarrollará su vida aislado de la civilización (sólo volverá a encontrarse con otros europeos de adulto), ganando grandes habilidades atléticas por su vida con los animales, pero (por algún motivo) conservando sus capacidades intelectuales de "hombre civilizado".

En el peor de los casos, Tarzán es una horrible muestra de las ideas de superioridad del hombre blanco sobre el mundo africano. Aun sin contacto con la sociedad europea de la época, Tarzán se convierte en un gobernante natural de los animales con los que tiene contacto. El hombre blanco se adapta perfectamente a la situación, algo que el africano no haría.

Por otro lado, también se puede pensar en el famoso mito del buen salvaje, en un aristócrata que por circunstancias más allá de su control se cría libre de la polución de la sociedad moderna y eso lo hace mucho mejor que sus contemporáneos "civilizados". De hecho, cuando tiene la posibilidad de retomar (o tomar, ya que en realidad nunca la había vivido antes) su vida normal, Tarzán prefiere rechazar la sociedad moderna y quedarse en la selva que es ya su elemento. No es la única vez que el hombre de la ciudad crea esta imagen en un héroe de ficción: Jungle Jim, Bomba, el niño de la selva y Mowgli de El libro de la selva claramente siguen lineamientos muy similares.

Y en una visión más inocente, podemos simplemente pensar que son una serie de novelas de aventuras que buscan poner al lector en un lugar en el que nunca podría estar. Algunas son repetitivas, algunas escapan a convenciones morales de la época (algo clásico en las novelas pulp), algunas elevan la fantasía con descubrimiento de civilizaciones perdidas y otras se centran en la vida amorosa del protagonista, pero todas buscan generar una emoción que al gris oficinista de Park Avenue probablemente (no queremos arriesgarnos a afirmar algo que no podemos probar) le sea ajena.

Para el momento que Johnny Weissmüller tomó el personaje ya otros dos actores lo habían interpretado (y aun durante los años que él lo encarnó, algunos otros actores lo interpretaron, como el también nadador Buster Crabbe en 1938). Pero la suya es sin dudas la interpretación más famosa (mucho más que la de Ron Ely, más moderna y televisiva; y que la de Christopher "Highlander" Lambert en Greystoke de 1984) tanto por su presencia, por tener sonido (y ser el primer Tarzán que habla "quebrado": Mi Tarzán, tu Jane) como por el famoso grito ondulante.

****

Cuba, 1958

El ex-Tarzán se sube al carrito de golf y deja que lo lleven hacia el siguiente hoyo. Siempre le ha gustado el deporte y participar en el Torneo de Celebridades, contra la opinión de aquellos que le recomendaron no hacerlo por la explosiva situación política de Cuba debido a la revolución liderada por Fidel Castro, está siendo un placer, aun cuando se han alejado un poco por error del campo de competición.

El césped se desplaza mansamente bajo las ruedas a medida que recorren el camino bordeado por ligustrinas y árboles. Un movimiento en la arboleda los saca de sus pensamientos repentinamente. Soldados rebeldes saltan de detrás de la vegetación con sus armas apuntando a los turistas norteamericanos. Les gritan que se bajen, que los sigan, que están en su poder. Weissmüller baja lentamente y los mira. Luego, emite una sola palabra...

—AaaaAAAHHHHHAAAAA AAAAAaaaaa

Los rebeldes cubanos lo miran. No pueden creer a quién tienen enfrente, a ese hombre rubio al que han visto enfrentarse a leones y elefantes en compañía de Jane, su hijo adoptivo Boy y la siempre simpática Chita. Con admiración y superados por la emoción, saltan en el lugar, levantan las armas y gritan "¡Tarzán! Bienvenido a Cuba". Luego, no sólo no raptan al hombre mono y a sus compañeros, sino que lo acompañan hasta el campo de golf para que no se pierda ni sufra ningún daño.

Esta anécdota contada por David Wallechinsky en su libro Complete Book of the Olympics (primera edición de 1984 y actualizaciones cada 2 años) es, por lo menos, sospechosa. El principal motivo para que parezca fácilmente desechable es que Johnny Weissmüller no hacía el grito él mismo para las películas. En realidad, el sonido era logrado mezclando el grito de tres vocalistas distintos: un soprano, un alto y un llamador de cerdos. Pero sirve perfectamente para mostrar lo intrínsecamente relacionado que actor, personaje y grito quedaron.

Entre 1932 y 1948 Weissmüller interpretó al famoso habitante de la jungla en un total de doce películas con nombres como Tarzán encuentra un hijo (1939 y un muy particular entendimiento de cómo funciona la reproducción humana), Tarzán y la aventura en Nueva York (1942 o Las locas locas aventuras de Tarzán en Broadway), Tarzán y el misterio del desierto (1943 o el shock del cambio climático para el tipo que está acostumbrado a la jungla) y Tarzán y las sirenas (1948 y claramente acá ya ni se esforzaban).

Además, desde 1948 interpretaría al ya mencionado Jungle Jim en trece películas en cinco años. En esta época ya estaba afincado en Acapulco, viajando para filmar dos películas de Jungle Jim en menos de diez días y luego volviendo a México para disfrutar del dinero obtenido con su carrera artística y, principalmente, del agua que tanto amaba.

De esa época queda una cita que muestra lo claro que tenía cuáles eran sus habilidades: "Fue casi robar. Había que nadar y no decir demasiado. ¿Cómo puede un tipo subir árboles, decir 'Yo, Tarzán, tú, Jane' y ganar un millón? El público me perdona la forma en que actúo porque saben que soy un atleta. Saben que no es hacer creer".

****

Me acerqué a la fosa en la que el cajón ya tocaba la tierra húmeda y extendí mis respetos al hombre que con tan sólo un taparrabos y algunas frases rotas había podido darme tantas alegrías en algún momento de mi vida, a mí y a tantos otros. Uno de los allegados me comentó que había sido pedido expreso del nadador que durante el entierro se pusiese la grabación del famoso grito. Nunca se había sentido frustrado, como otros, por haber quedado tan pegado a un personaje. Todo lo contrario, lo había disfrutado.

Así que hice lo único que podía hacer en esa situación: junte aire, tiré la cabeza para atrás y...

AaaaAAAHHHHHAAAAA AAAAAaaaaa

Los Gemelos contra el inframundo.

37. LA PIEDRA NO MOVEDIZA

Jorge Montanari

¿Quién era el protagonista de La espada en la piedra? Algunos podrán responder que era Arturo. Otros dirán que el verdadero dueño de la magia era Merlín. Finalmente, algún otro se jugará y dirá que la única protagonista era ella, Excalibur, la espada. Sí, un objeto. ¡Pero qué objeto! No, no… ¡Un momento! En La dama y el vagabundo está claro que hay una pareja que comparte cartel por igual, y lo mismo ocurre en Tango y Cash, Thelma y Louise, Bonny and Clyde o hasta en Gemelos donde la gracia de que hubiera un Schwarzenegger era que hubiera también un DeVito, y viceversa. Entonces… ¿por qué todos la ningunean a la otra ella? Sí, la Piedra no es nada más ni nada menos que la coprotagonista.

Y en la vida, que es como el cine pero con deporte (a menos que la película sea Héroes o Escape a la victoria), también la piedra comparte el dúo protagónico con su complemento inseparable. Sí, ahora nos estamos refiriendo a él, ese en quien usted piensa: el harrijasotzailea.

¡¿Qué?! Bueno, si usted vive en Euskal Herria, es decir en el País Vasco, ya sea en la parte de su territorio que administra (aún a la fecha de edición de este libro) el Estado español o en la que administra el Estado francés, sabrá perfectamente de lo que estamos hablando. Pero, en otro caso, puede que le venga bien enterarse de esta historia que fue escrita para destacar la grandeza de una heroína muy particular que no podía quedarse fuera de este libro. Por ahora sólo le diremos su nombre: Albizurí Handía. Parece que no la ubica. Bueno, enseguida se la presentamos.

Los deportes vascos son encantadores, mágicos, distintos a todos los demás. Muchos de ellos se basan en las duras tareas cotidianas del hombre de campo en las que, a fuerza de realizar apuestas con todo lo que se pueda imaginar, incorporaron ciertas reglas que permitieron combinar belleza con destreza donde la vista gorda hubiera hecho perder por siempre el detalle. Así surgieron, por ejemplo, los aizkolaris, hachadores de troncos incansables. O los segalaris, compitiendo con hoces gigantes para ver quién corta más masa vegetal en un tiempo dado. En el caso que nos atañe, el deporte consiste en el levantamiento de piedras, y sus practicantes se conocen, como ya insinuamos, como harrijasotzaileak (plural en el idioma euskera para "harrijasotzailea").

Brevemente, el harrijasotzailea intenta levantar muchas veces seguidas una piedra. El que lo hace más veces, gana. Este deporte casi nunca se ha jugado en la Argentina, con excepción de un intento en la cancha de Platense durante el cual los hinchas, al ver a los competidores jugando con una piedra, empezaron a arrojar pelotas desde las tribunas desorientados, como presos de un efecto mariposa.

Pero, volviendo a la práctica profesional del levantamiento de piedras, hay un detalle más: dos mundos se bifurcan de acuerdo a qué tipo de piedra esté en juego levantar. Hay piedras talladas por el hombre, fabricadas con formas regulares y pesos estandarizados, reguladas por la FIFA de este deporte; pero también están las otras, las auténticas e irregulares, talladas por la naturaleza por medio de la erosión del viento, del agua, de los rayos, o de Dios, si son creyentes. Moles gigantes encontradas en los bosques vascos hace añares, las piedras irregulares están dotadas cada una de una personalidad propia. Pueden ser difíciles de ser agarradas, escurridizas, incómodas… pueden ser muchas cosas pero, sobre todo, son famosas.

Cuenta la realidad que un día, cerca de un pueblito en la región de Gipúzkoa, un temporal arreció como si fuera un infierno de agua. Y, al retirarse, la encontraron a ella. Pesó al nacer lo mismo que sigue pesando ahora, la friolera de ciento sesenta y siete kilogramos. Quisieron moverla y se encontraron con que era muy resbaladiza y que, además, no era muy cómoda de asir por ningún lado. La bautizaron Albizurí Handía y enseguida se convirtió en un fetiche para los harrijasotzaileak, que quisieron ahorrarse la parte de la espada y decidieron ver quién podía levantar la piedra entera. Pero Albizurí Handía no quería que la levantara cualquiera.

El primer registro de que alguien haya podido levantarla data de 1875, pero como no había Twitter en aquella época, no pudo viralizarse el hashtag #LevantaronAAlbizuriHandia, y la noticia, si bien no pasó desapercibida para el boca a boca, quedó fuera de todo registro serio. Así, el levantamiento quedó en un estado mítico imposible de corroborar. El harrijasotzailea incomprobado llamóse José María Zuriarrain Galarza, lo que hace pensar que aun habiendo existido Twitter no iba a haber manera de poder hacer caber en tan poco espacio al nombre del tipo, su profesión, el nombre de la piedra, y lo que había pasado.

De allí en más comenzó una época que duró setenta y siete años en la que todos fueron a levantarla con testigos, escribanos, cámaras de fotos y periodistas, pero nadie pudo hacerlo. Albizurí Handía se divertía, así como lo hacen los minerales, austeramente, a cara de piedra, sin jactarse de nada ni mofarse de nadie, ejerciendo ese desinterés extremo por la fama que da toda la vuelta y al final parece ser la pose más decidida a agigantarla.

El diecinueve de octubre de 1947 estaba llamado a ser "el día que por fin levantaron a Albizurí Handía", pero ella no había dado su consentimiento. De los diez participantes que intentaron vencer a la dupla "Piedra-Ley de la Gravedad de Newton", ninguno pudo apenas moverla. Fue recién unos días después cuando el harrijasotzailea apodado Errekartetxo logró cambiar su historia levantándola. Obviamente esto ocurrió porque Albizurí Handía así lo quiso. Si Cristo fue tentado en el desierto, si Siddhartha Gautama había probado los placeres carnales en pleno camino de la meditación, ¿por qué ella no iba a querer saber lo que sentía una piedra cualquiera cuando participaba de un concurso? Semanas más tarde, José Ibar, "Urtain", la levantó cuatro veces. Un gran gesto de Albizurí Handía para que Errekarte-txo no se agrandara de más.

Pero Erre tendría su revancha: en 1951 la levantó cinco veces. Tres meses después, Luis Atxega subió el récord a once alzadas. En esa ocasión, por vez primera, un segundo competidor también logró alzarla, aunque menos veces. Pasaron doce años y Agerre II la levantó siete veces en seis minutos. El siguiente descanso de la piedra fue más largo aún: trece años guardada, hasta que volvió a competir en 1976 pero, quizás para que no la tildaran de cómplice de la dictadura, no se dejó levantar por nadie. Al año siguiente iba a aparecer Iñaki Perurena, el mejor harrijasotzailea de la historia (toda una celebridad en Euskal Herria), y la iba a levantar trece veces para entrar en la historia con un nuevo récord[1].

En 1990, Albizurí Handía, la Liz Taylor de las piedras, se casó una vez más, esta vez con Goenatxo II, menos mediático que Perurena pero implacable y destinado a dejar su surco en este mundo, quien la levantó catorce veces. Seis años después, Goenatxo extendió el récord a quince alzadas, un diez de noviembre de 1996, récord que perdura hasta hoy, momento en que tipeamos en una notebook un sábado a la noche, sabedores de nuestra impotencia para levantar en el aire a un pibe de más de doce años. Y es que en las otras tres veces que se puso en juego la piedra, nadie hizo temblar al récord de Goenatxo (ni siquiera él mismo, que, como se sabe, siempre es su peor rival). A fines del 2010, un Goenatxo ya cincuentenario que se le había animado de nuevo en el 2007, decidió darse de baja. Y es que cuesta

---

[1] Perurena ostenta otros récords impresionantes: mil levantadas seguidas de una piedra de cien kilos y, por otro lado, haber levantado la piedra más pesada ya levantada por ser humano alguno, con trescientos veinticinco kilos.

que siga dando el cuero toda la vida cuando la enamorada pertenece a otro reino y, cual Dorian Gray, sigue como el primer día aunque pasen los años a baldazos para todos los demás.

¿Pero cómo? ¿Sólo una docena de veces se puso en juego la piedra desde la primera vez que consiguieron levantarla? Sí. Albizurí Handía descansa bajo una campana de cristal como la que tenía Blancanieves, para protegerla de la erosión o de ataques de fanáticos (en el sentido de fanáticos como los de Lennon) y sólo se saca de allí para los partidos importantes, como si fuera un Maradona del 86 congelado a lo Walt Disney, que sólo se justificara revivir para exponerlo un poquito en un momento que lo ameritara; uno de esos momentos en los que se araña la hazaña. Fuera de estos contados festivales, nadie la toca. Ni siquiera se permite en las previas que los competidores entrenen con ella, por lo que no hay chance de acostumbrarse de antemano a su forma y a su textura. Hay que ir a la cancha y vérselas allí, como quien va a la cancha de Brown sin tener barro y pozos en su club con los que practicar primero. Hay que ir a la cancha y decirse a uno mismo que los de afuera son de palo, pero la de adentro es La Piedra. Y así, una vez que las cartas están jugadas y uno, harrijasotzailea, sale a la arena cual gladiador, sólo queda arrojarse contra la fiera pétrea e intentar alzarla. De su escurridiza superficie y de su justificadamente caprichosa personalidad saldrá el veredicto que dirá si nuestro nombre puede anotarse entre los actores de reparto de la película de la vida, donde Albizurí Handía tendrá por siempre el papel principal.

38. NEGRO EL 5

Adrián Desiderato

Si bien, lamentablemente, todos conocemos a Texas como el Estado que catapultó a George W. Bush hacia la presidencia de los EEUU, no todos allí son personajes oscuros.

En el año 1966, en El Paso, una ciudad de este estado que perteneció por años a México, se dio un hecho que cambió la historia del básquet. Ya hacía más de cuatrocientos años que ese suelo había sido pisado por Alvar Núñez Cabeza de Vaca, dato que no parece relevante en este momento pero que hacia el final del relato notarán que no aporta nada a esta historia.

Lo importante es que la Universidad de Texas-El Paso (UTEP) había estado buscando un entrenador para su equipo de básquet, los Miners, y había encontrado en 1961 a Don Haskins, un don nadie, salvo para su familia y algunos de sus amigos (no todos, hubo grandes amigos suyos que apenas lo conocieron e incluso algunos no llegaron a conocerlo personalmente). Poco a poco, Don fue armando un equipo, mejorando sus números, hasta la temporada en la que pegó el gran salto.

Recordemos que recién en 1964 se promulgó la Ley de Derechos Civiles que prohibía la segregación racial aún existente en lugares públicos. El apartheid yankee venía desde el fin de la Guerra Civil, cien años antes, cuando se abolió la esclavitud pero se consagró la doctrina "separados pero iguales", principalmente en el sur del país. Esto implicaba que había algunos lugares públicos para negros y otros para blancos; o sea, somos todos iguales pero no. Parece increíble que esto sucediera hace nada más que sesenta años, aunque, si se mira bien, hoy día también se da, de una forma más velada o encubierta.

En ese contexto, Don, a contramano de las opiniones racistas de entonces acerca de que los negros eran buenos atletas pero no pensaban ni tenían disciplina, carácter o buen comportamiento, dijo, entre otras cosas, "a mí, dámelos; yo los quiero en mi equipo". Y armó un plantel con siete negros y cinco blancos.

Mientras las señoras se horrorizaban pensando que el básquet (y el mundo) estaba perdido, el equipo de la UTEP empezó a ganar partidos. Y así, El Paso a El Paso, llegó a la final del campeonato nacional universitario de la NCAA con un récord de 23-1.

En la final lo esperaban los Wildcats de Kentucky, todos blanquitos, con cuatro campeonatos en su palmarés de entonces y con Pat Riley (el entrenador de los Lakers multicampeones de los 80) en cancha. Su entrenador, ADOLPH Rupp, no incorporaba jugadores negros o "de capacidades pigmentarias diferentes, para no discriminar", como él mismo decía.

Y ese día, Don armó su mejor jugada, tal vez la única (para qué más) de su trayectoria: el equipo salió a la cancha (y entró a la historia) con cinco jugadores negros en la formación inicial. Era la primera vez de un suceso que, con el tiempo, se volvería habitual.

Encima los Mineros le ganaron a los Gatos Monteses 72-65, quedándose con el único título en toda su historia. Donald Lee Haskins tampoco volvió a ganar nunca más un título pese a dirigir al equipo por otros treinta años. Lo que tenía que hacer en la vida ya lo había hecho. "Puse a los mejores que tenía en ese momento. Igual que durante todo el año", declaró, como haciendo que le erraba al aro mientras lanzaba un histórico alley-oop.

39. HIDROSAPUKAI

Francisco Godinez Galay

Muchas son las historias de superación de personas que, luego de estar con el agua al cuello, logran alcanzar la cima. Pero solo una de ellas ha encontrado la cima en estar con el agua al cuello. Esta es la historia de Luis "Mojarrita" Agüero.

Señor director, cuando usted quiera...

(Suena un acordeón)
Luis "Mojarrita" Agüero,
gran campeón mundial.
Cuando cumples tu proeza,
dando prueba de guapeza,
bravo macho correntino,
sigue firme tu destino
evocando al Taragüí,
a la virgen de Itatí
y a tu Cambá Cuá querido,
barrio que te vio nacer
y que te sintió volver
con triunfal sapukai,
porque para el agua chamigo kuera,
como "Mojarrita" no hay.

Antonio Tarragó Ros y Oscar Albornoz, "Mojarrita Agüero"

(baja música y queda de fondo)

Luis Agüero nació con un apellido que ya lo predestinó. Su vida debía ser en el agua. Apodado "Mojarrita", ese pequeño pez que se moja, este correntino le demostró al mundo que cualquiera puede ganar medallas olímpicas nadando en piletas olímpicas, acondicionadas olímpicamente, con cloro olímpico, libres de enfermedades, y escuchando en un iPad un iTunes que le pasó otro nadador de su iPod, pero que los verdaderos hombres son los que se asemejan a los peces, los que son capaces de nadar en las aguas turbulentas y tuberculientas de los ríos argentinos.

(sube y baja música)

Mojarrita fue un nadador no convencional, capaz de batir récords de horas bajo el agua y de enormes distancias recorridas, pero sin competir contra nadie más que sí mismo –su peor rival–, ni en otras carreras que las de la vida –que son las más importantes–. Sus medallas: el reconocimiento de la gente... ese que, al igual que el agua, vale más que el oro.

Mojarrita fue un héroe de pueblo, del que poco se sabe. Nació en 1927 en su Corrientes natal. Acostumbrado a la convivencia con los ríos, desarrolló su habilidad como algo cotidiano. Dedicó su vida a batir récords, a entretener a los pueblos de todo el país con sus hazañas, y a su devoción por la virgen de Itatí.

En 1980 logró un récord mundial para la Argentina. Estuvo sumergido (con la cabeza afuera, atado de pies y manos) durante 107 horas con 7 minutos. La hazaña, como no podía ser de otro modo, fue en la ciudad de Resistencia.

En 1997 con 70 años realizó en su honor una peregrinación acuática. Navegó el Río Paraná a lo largo de más de 1200 kilómetros, junto a una figura de la virgen. La escoltó durante 35 días hasta llegar a Puerto Madero. El último tramo tuvo que hacerlo en una embarcación de la prefectura, por la contaminación del Río Luján. La proeza, que respondía a su agradecimiento a la virgen por traer de la muerte a su mujer durante una enfermedad, la hizo en otras oportunidades más.

Mojarrita viajó por el país recorriendo el verdadero interior, el de los pueblitos, el de esa Argentina olvidada, sumergida, ahogada, para demostrar que todo es posible con fuerza de voluntad. La gente se agolpaba para ir a verlo, darle su apoyo, ser testigos de sus hazañas, y claro, tirarle pedacitos de comida para que se alimentara como un bagre durante las largas pruebas. Llegó a presentar su show de inmersión acuática en el mismísimo Luna Park.

En sus últimos años se dedicó al boxeo –como manager–, y a su propio programa de radio. También inventó los premios "Mojarra dorada", que entregaba todos los años a deportistas destacados. El premio en efectivo salía de su bolsillo.

Murió en 2002. Hoy descansa en el cementerio de Laguna Brava, lugar que eligió para sus últimos años por su paradójica tranquilidad. Hay quienes dicen que solo está batiendo otro récord en las profundidades y que, cuando menos se lo esperen, saldrá para recibir el cariño de la gente.

40. EL PARAÍSO DE DANTE

Marcos Zurita

Los 262 km que separan la Ciudad de Buenos Aires de la de 9 de Julio pueden ser recorridos en aproximadamente cuatro horas por un caballo mediano yendo a su máxima velocidad de galope. ¿Para qué querría un caballo ir tan rápido de 9 de Julio a Buenos Aires? Una respuesta posible es que sea el 19 de diciembre del 2010 y, en Palermo, La Guarida esté por jugar contra El Relincho la final del 69° Abierto de Pato.

Lo especial, lo que atrae a los equinos a trasladarse por las rutas argentinas hasta la cabeza de Goliath (como llamó Martínez Estrada a Buenos Aires), es un nombre que aparece en la formación de La Guarida: Dante Spinacci.

Previo a ese partido, Dante Spinacci había jugado nueve finales del Abierto a lo largo de treinta años de carrera. Nueve finales, nueve títulos. Ocho entre 1980 y 1990. En el 2002, doce años después, había vuelto y ganado su novena final. Ya parece mucha hazaña, pero el desafío del décimo título lo hace montar otra vez. Si usted es un obsesivo sabe por qué era necesario que juegue la décima. Si usted no lo es, pregúntele a su amigo obsesivo.

Ojo, para el dios de la simetría, que haya jugado NUEVE finales y ganado NUEVE títulos, siendo de NUEVE de julio, estaba bien igual.

Dante monta sus cincuenta y siete años esa tarde en Palermo y sale a la cancha 2 del Campo Argentino de Polo con los ojos de la familia patera puestos en él (menos los de su caballo, que no puede galopar y dar vuelta la cabeza para mirarlo). No hay un error, la final del Abierto de Pato, el deporte nacional, se juega en la cancha auxiliar del Campo de Polo, el deporte nacional de las monarquías del mundo.

Como usted, príncipe, seguro que sabe de polo pero no de pato, exponemos algunas ideas básicas sobre el juego antes de continuar la historia.

El pato se juega en una cancha rectangular, con dos aros, uno en cada extremo. Los aros están puestos como para hacer burbujas gigantes, o para prenderlos fuego para que salte un león; no como en el básquet, que están puestos para que los ángeles acierten escupitajos desde el cielo.

La pelota del pato era antiguamente un pato hecho y derecho. Hoy se reemplazó por una pelota de voley a modo de núcleo atómico y seis asas de cuero dispuestas como tres órbitas de electrones. Estas asas sirven para asir la pelota ("el pato") y llevarla hacia el aro. Un detalle clave que hace al pato un deporte de caballeros es que el jugador que lleva el pato debe ofrecerlo todo el tiempo. Cuando un jugador contrario logra tomar otra asa, se sucede la cinchada: dos jugadores tirando del pato, mientras galopan a toda velocidad. Es lo más parecido a un deporte medieval que se pueda tener en la pampa. Pura adrenalina.

Dando por entendido lo básico del juego, volvemos a esa tarde en Palermo.

El partido muestra una alternancia en el dominio. Dante Spinacci es protagonista. Ofrece el pato en cada jugada, clarifica el juego y lleva a La Guarida a mantenerse arriba en el marcador. No es un partido de homenaje a Dante sino una final jugada al cien por cien. El Relincho intenta y logra ponerse a tiro, pero Ariel Tapia, el Robin, el ladero, el vicedante, apuntala la victoria.

En el momento del festejo, el mejor jugador de pato de la historia mira al horizonte con sus ojos claros, su porte de estrella hollywoodense de los 70 ("el Burt Reynolds del pato" como lo bautizó Les Cahiers du Cinema) y piensa en los años que tuvo que estar alejado de las canchas, sosteniendo la cinchada más importante de su vida (que ganó, por supuesto). Mira el césped, a sus compañeros de equipo (equinos y hombres) y sabe que es el cierre de una vida deportiva gloriosa.

Los caballos vuelven a la ruta. Comentan el partido. Critican a sus pares. El sol cae en el horizonte bonaerense mientras Dante regresa a su Guarida de 9 de Julio, hasta que el espíritu del juego lo convoque nuevamente para desplegar su magia, montado en un pegaso.

41. ROSIE A LA CUBANA

Jorge Montanari

Existen distintos tipos de carreras. Muy distintos. Dejando fuera a todas aquellas que aparecen en la Guía del Estudiante y centrándonos solamente en las carreras de quienes compiten a pie, siguen existiendo muchos tipos diferentes. Pero ya se trate de cien metros llanos, doscientos metros con vallas, marcha o maratón, una característica en común subyace a todas ellas: el ganador es el primero que logra cruzar la línea de meta.

El maratón, también llamado "la maratón" (gracias a la reciente Ley de Identidad de Género), tiene un origen bastante conocido (esa historia que cuenta que en la antigua Grecia el hijo de un rey corre cuarenta y dos kilómetros desde el campo de batalla hasta los pies de su padre para avisarle que habían ganado y, como fue corriendo en serio y no con ese tranquito con el que van los maratonistas de hoy en día, apenas avisó lo suyo cayó muerto). Su final no es menos conocido que su origen. El primero que llega a la meta se encuentra con mucha gente cantando las hurras y una cinta que atraviesa el camino, la cual rompe con su pecho al transponer victoriosamente la línea de llegada para disparar una artillería de flashes y felicitaciones.

Sin embargo, cuando se conoce el origen y el final de algo, no necesariamente se conoce lo que ocurrió en el medio. Lo más genial que hizo Einstein, por ejemplo, no ocurrió ni en la cuna ni en su lecho de muerte.

Corría el año 1979 y la cubana Rosie Ruiz se anotaba en la maratón de Nueva York. Cruzó la meta con un tiempo de 2h56m29s, que la clasificó para la competencia que cambiaría no sólo su vida sino también la de este deporte, que es la metáfora más importante de un partido.

Pocos meses después, en la prestigiosa maratón de Boston de 1980, el mundo se sorprendía cuando a los 2h31m56s —es decir en veinticinco minutos menos que los que empleó en Nueva York— Rosie rompía la cinta en la línea de meta ante la ovación desaforada de todos los asistentes. Era la marca récord para una mujer en la competencia de Boston y era el tercer mejor tiempo de una mujer en la historia del maratón en el universo entero. Poco iba a importar ver llegar un rato después a la canadiense Jacqueline Gareau, la segunda y por tanto fracasada corredora, y de igual manera iba a quedar opacada la tercera, una estadounidense que lograba con su tiempo el récord nacional y cuyo nombre averiguamos, pero preferimos omitirlo adrede para reforzar esto de que el mundo tiende a olvidar a quienes no triunfan.

Una cubana de origen muy humilde lograba vencer a las corredoras de todo el mundo en Boston. El pueblo pobre y revolucionario que resistía el asedio yanqui en la isla llegaba antes que todos en la ciudad de los rubios grandotes famosos como Larry Bird (pariente de Big Bird, otro rubio grandote famoso) enarbolando la bandera de la victoria para Fidel.

Si queremos ser más exactos, Rosie no estaba allí representando a la sucursal de la URSS en el Caribe. En realidad vivía en los Estados Unidos desde hacía tiempo, con lo cual el párrafo anterior ahora será reemplazado por este:

> Una cubana de origen muy humilde, que había sabido desafiar a tiburones y tifones con tal de abrazar al País de las Oportunidades, llegaba antes que todos en la ciudad que era emblema de la independencia, enarbolando la bandera de la victoria contra Fidel.

Pero esta no es la historia que queremos contar.

Rosie cruzó primera la línea de meta y fue ungida ganadora; los flashes la bañaron en fotones y los aplausos resonaron en sus tímpanos, sí. Pero algo estaba mal, algo no terminaba de conformar el cuadro habitual de unos minutos post maratón. Todos habían recogido la imagen de Rosie doblando la última curva a ochocientos metros de la meta, llevándose a sí misma como bandera hasta el triunfo. Pero Rosie tenía la camiseta apenas sudada y no lucía muy cansada. Los médicos le encajaron el estetoscopio para los controles de rutina (recordemos que al hijo del rey griego no le había ido muy bien) y allí se encontraron con otra sorpresa: en lugar de las cincuenta pulsaciones por minuto a las que baja el corazón luego de correr un maratón y entrar en fase de descanso, el cuore de Rosie iba a más de ochenta por minuto. Había algo raro. No se sabe qué habría pasado si Rosie hubiese sido rubia y proveniente de algún país con monarquía parlamentaria, pero entre su pinta y los extraños indicios que se hacían evidentes, los organizadores empezaron a sospechar lo que usted ya debe estar sospechando también (por ser un discriminador nato, claro).

Se le preguntó a Rosie por qué calles había venido corriendo desde la salida, y ella contestó cosas como "y, por ahí, por donde iban corriendo todos, por donde estaban colgados los cartelitos de Gatorade, ponele". No convenció a nadie. Se le hicieron entonces algunas preguntas para ver si "pisaba el palito", y dijo no recordar nada en particular de ciertos tramos donde había detalles que no podían pasar desapercibidos. A su vez, en los puntos a lo largo de la ciudad donde se solían aglomerar las personas para ver pasar a los corredores, nadie recordaba haber visto pasar primera a esta mujer vestida de amarillo, y todos habían visto por delante del pelotón a la canadiense y a la romperrécords local. Para colmo, ya con matices de escándalo, llegaron dos testigos que contaron que antes de la última curva habían visto saltar a la calle a una mujer que se había abierto paso desde la vereda para empezar a correr hacia la meta. Por cierto, eran dos estudiantes de Harvard.

Pero esto no terminó allí. Ante la publicidad de estos hechos y con la cara de Rosie en los diarios y noticieros, una fotógrafa neoyorkina recordó un extraño viaje en subterráneo que había tenido el año anterior: en una estación había subido una mujer vestida de corredora y, varias estaciones después, había salido corriendo escaleras arriba. Su clasificación en el 79 también había contado con alguna ayuda no contemplada en el reglamento.

Dos semanas después, la descalificación era oficial y la canadiense segunda era declarada ganadora. Para que pudiera tener una foto decente como campeona, se la invitó a hacer un sprint final de doscientos metros para las cámaras, rompiendo una cinta ante dos mil personas (no sabemos si pagadas o cholulas) para consumar no otra cosa que la segunda farsa seguida en la maratón de Boston.

Quizás sintiendo que toda reparación para con la canadiense era poca, decidieron hacerle una medalla nueva en lugar de entregarle la que le habían quitado a Rosie Ruiz. La nueva medalla, en lugar de ser "tamaño mujer", iba a ser, por primera vez en la historia de esa competencia, igual en tamaño a la que se entregaba al vencedor de la prueba masculina. Ese no sería el único cambio de la era pos-Ruiz del maratón, ya no de Boston sino universal. De allí en más, sensores electrónicos en las zapatillas, jueces ubicados en puntos de control mucho más frecuentes a lo largo del recorrido, cámaras cubriendo todos los trechos y otras artimañas igualmente antipáticas tecnificarían la milenaria disciplina.

Y el Maratón de la Vida (esos años llenos de anécdotas que puestas una al lado de la otra en fila ocupan precisamente cuarenta y dos kilómetros), también influenciado por estos sucesos, fue adoptando un modelo cada vez más panóptico, vigilando y castigando con cámaras de seguridad, reconocimiento de huellas dactilares, de retina, de timbre de voz, de zonas de antena de celulares, de GPS, y de muchas otras impensadas formas con las que los organizadores de la Gran Carrera se aseguran de que no les intentemos meter el perro de nuevo.

Rosie quizás jamás creyó que nadie se iba a dar cuenta. Pongámonos por un minuto en su lugar. Cual manager del Grasmere Rovers (ver "Pequeños

Gigantes"), se mandó a la aventura en busca de un minuto divertido. Quiso, quizás, eso: correr diez, veinte metros, hasta que sonase un silbato y la invitasen a retirarse de la pista. Pero cuando nadie la frenó, ya no estaba en ella la posibilidad de decirles a todos que no había sido su culpa. Sólo quedaba correr y sostenerse en la actuación.

Rosie Ruiz, la que dejó un antes y un después en todo lo que ya describimos, no tuvo tanta suerte en lo sucesivo como en sus dos famosas maratones. Prefirió la dignidad de la delincuencia antes que los billetes de la exhibición atroz en la parafernalia mediática. En vez de desfilar por shows televisivos o vender su historia a un diario o hacer un musical de Broadway, intentó hacer una estafa con seguros o algo de eso, y como ya se sabe lo que ocurre con seguros, la llevaron presa. Años después volvió a caer tras las rejas por unos días, luego de intentar vender una buena cantidad de cocaína a unos supuestos compradores que eran policías disfrazados (¿de policías?). Hoy, a sus sesenta años, vive en la pobreza sin querer dar notas a los medios.

En todos estos años, desde 1980 hasta la fecha, Rosie, la heroína femenina que logró que las corredoras y los corredores ganasen medallas del mismo tamaño, jamás cambió su versión de los hechos. Lejos de admitir fraude alguno, sostiene que corrió de principio a fin la maratón y que fue su legítima ganadora. No hay prueba irrefutable que pueda desmentirla. Nosotros tampoco podemos —ni queremos— hacerlo ni aunque realmente hubiera empezado a correr en los últimos ochocientos metros, por la misma razón que podemos gritar hasta la afonía un gol metido por un suplente que entra y aprovecha un córner en el minuto 89, sin que nadie cuestione que los compañeros burros corrieron sin fortuna todo el partido mientras él esperaba sentadito para sumarse al final a la gloria.

Nota: en el Maratón de Buenos Aires 2014, cuando el marplatense Mariano Mastromarino —a la postre ganador de la carrera— pasó al corredor keniata que iba primero, fue increpado desde un auto de oficiales de la competencia al grito de "¡Salí! ¡No te metas que esto es una carrera! ¡Salí de la carrera, salí, salí!". Mastromarino por suerte no les hizo caso.

¡AAAAAa!

42. AUNQUE LASORDA NO ESCUCHE

Patricio Gronda

A lo largo de este libro hemos hablado (y hablaremos todavía, salvo que este sea el último capítulo o que usted abandone intempestivamente la lectura) de muchos deportistas que cambiaron el medio en el que desarrollaron sus actividades, ya sea por sus actitudes, sus habilidades o su forma de encarar el deporte. También de muchos que dejaron huella en la cultura popular. Pero pocos pueden decir que hicieron todo esto, fueron símbolos sociales y además crearon un gesto que se ha repartido por todo el mundo.

Oakland, California, es una ciudad situada al este de la Bahía de San Francisco y que toma su nombre de la denominación en español, Encinar del Temascal, que le dieron los originales conquistadores de la zona, siendo ese el nombre de la ciudad y no de la zona. Esto, obviamente, no explica ni un poco el por qué del nombre, aunque lo explica totalmente si nos permitimos suponer que en el lugar había originalmente un bosque de encinas. Por otro lado, los temascales eran las termas de los antiguos Aztecas y la presencia de un importante cuerpo de agua en el lugar aclara el resto.

En esta ciudad de nombre con origen poco claro o clarísimo vino a nacer nuestro protagonista Glenn Lawrence Burke un 16 de noviembre (escorpio) de 1952. Desde muy joven mostró altas dotes atléticas, ganando a los dieciocho años el premio al basquetbolista del año de su escuela Northern California. En ese deporte se destacaba por su habilidad de volcar la pelota con cualquiera de las dos manos, pese a medir apenas un poco más de un metro ochenta y ser derecho.

Sin embargo, la primera oferta seria para profesionalizarse en el mundo del deporte no vino de la mano (derecha) de esta habilidad, sino de sus incursiones en el béisbol, actividad que también ocupaba buena parte de su tiempo. Fue así que los L.A. Dodgers lo sumaron de joven a sus filas, con la esperanza de que llegara a ser una gran estrella. El ojeador que lo acercó al equipo lo vendió como el próximo Willie Mays[1] y Burke no defraudó, debutando en la Major League Baseball el 9 de abril de 1976.

Ahora bien, hasta ahora es todo muy bonito, casi idílico. Nada extraño ni notable, nada particular. Entonces, ¿por qué durante sus tiempos con los Dodgers se le acercó Al Campanis, General Manager, y se ofreció a pagarle una lujosísima luna de miel si se casaba? ¿Y por qué Burke se negó, contestándole: "Asumo que quiere decir que con una mujer".

Es que Campanis temía que la prensa se enterara de un hecho clave: Glenn Burke no sólo era gay, sino que lo era abiertamente, algo que ningún otro jugador antes ni después ha hecho. De hecho, Burke aún hoy tiene la medalla colgada de ser el único jugador de la historia de la MLB que se ha declarado homosexual de forma pública mientras estaba en actividad (tan solo uno más lo ha hecho desde ese momento y fue luego de retirarse). Y no lo hizo desde una posición de estrella, sino que desde el debut mismo actuó como quien era, sin ocultar algo que no debería tener que ser ocultado en ningún caso. Fue siempre Glenn Burke.

Como se imaginarán, esto generaba reacciones entre sus compañeros de equipo. Estarán pensando en discriminación, rechazo y miedo; cosas que siempre se dice pasarían en cualquier equipo de hombres en los que un

---

[1] Willie Mays merece algunos comentarios. Considerado uno de los mejores jugadores de béisbol de la historia, él va más allá y no tiene problemas en afirmar que es el mejor. Además, su apodo es uno de los más extraños. En vez de los clásicos "Lechuga", "Tony", "Pocho" o "Pitu" a los que estamos acostumbrados, a él le decían "The Say Hey Kid", sin que esté muy clara la razón. Una de las teorías es que por no saber los nombres de sus compañeros de equipo (y alguna vez confesarlo a la prensa) les decía "Hey, man" simplemente, a todos.

Por otro lado, es tal su influencia que en Venezuela se dice "hacerse el Willie Mays" cuando alguien se hace el distraído con algo, por la habilidad de Mays de parecer desinteresado del juego para robar bases.

atleta admitiera ser homosexual. Se sorprenderán gratamente, entonces, en saber que sus compañeros no tenían ningún problema con su sexualidad y de hecho lo apoyaban abiertamente.

Para 1978 ya todos sabían de su orientación sexual y, según las propias palabras de Burke, a ninguno de sus compañeros le importaba. El capitán del equipo había declarado públicamente que su estilo de vida no era problema de los demás. Además, solía decirse que era el alma del equipo por sus bromas en el vestuario. Era una especie de faro para el movimiento gay del momento, ya que en una época de persecución (eh, eso describe, probablemente, a toda la historia de la humanidad que tenemos) no sólo era un faro sino que, en palabras de su amigo también homosexual Jack McGowan, "era atlético, buen mozo, masculino. Todo lo que queríamos probarle al mundo que podíamos ser".

Lamentablemente esta buena actitud de sus compañeros no se reflejaba en la dirigencia. Tommy Lasorda, el Manager del equipo, tenía un hijo públicamente homosexual, pero vivía en negación (suponemos que se tapaba los ojos y cantaba "LALALALALA" muy fuerte). Para peor, su hijo Spunky (sí, se llamaba Spunky Lasorda y aun así su padre "LALALALALA") trabó una relación de amistad (siempre negaron que fuera amorosa) con Burke.

La relación entre nuestro protagonista y Lasorda padre hasta ese momento siempre había sido excelente y Burke lo idolatraba. Pero a partir de la amistad con su hijo, Lasorda se empezó a mostrar cada vez más difícil de tratar. Las bromas eran menos toleradas y la relación más tirante, aunque Lasorda lo niega públicamente, diciendo que siempre estuvo ahí para Burke y que no sabe bien qué pasó. Todo colisionó luego de que un incidente (una broma pesada) en el vestuario terminó con un fuerte reto por parte de Lasorda a Glenn: no hubo vuelta atrás y Burke sintió casi que un padre lo había abandonado.

Antes del fin de 1978, Burke fue canjeado a los Oakland Athletics por Billy North, bajo la excusa de que necesitaban un jugador experimentado que pudiera aportar al equipo en ese instante y no un talento a futuro. Si bien los números de North parecen dar la razón a este argumento, siempre se ha rumoreado que el verdadero motivo fue la inclinación sexual de Burke, su relación con Spunky y la distancia con Lasorda padre.

En Oakland las cosas no fueron positivas para Glenn: jugó poco, sus compañeros lo miraban mal (algunos inclusive se negaban a ducharse con él) y hasta el técnico tuvo epítetos discriminatorios contra su persona. Para peor (o menos peor, la actitud de los compañeros es de lo peor que puede haber), una lesión de rodilla lo marginó definitivamente del juego en 1980.

Si las cosas iban mal, a partir de allí fueron aún peor. Drogas, desempleo, robos, condenas de cárcel y un auto que lo atropelló y destruyó definitivamente su rodilla en 1987 marcaron sus últimos años. En 1993, dio positivo de HIV y falleció en 1995 en la casa de su hermana.

Queda de su vida una visión interesante, que deberíamos tener en cuenta: la realidad nos muestra que no hay una reacción única ante las situaciones. Todos los que se llenan la boca diciendo que no puede haber jugadores homosexuales porque los equipos no lo aceptarían (equipos que, por otro lado, no tienen que aceptar o no, sólo tienen que respetar a un compañero más) tienen a aquel primer equipo de los L.A. Dodgers como muestra de que sí se puede. Lamentablemente también tienen a los Oakland Athletics como muestra de todo lo contrario.

Pero dijo Burke: "They can't ever say now that a gay man can't play in the majors, because I'm a gay man and I made it" ("Ya no podrán decir que un hombre gay no puede jugar en las mayores. Porque yo soy un hombre gay y lo he hecho").

Finalmente, decíamos al principio que también dejó su marca en la cultura popular a través de uno de los gestos más repetidos en el mundo. Nos referíamos al famoso "chocá esos cinco" o, en inglés, "high five".

Cuenta la historia que en 1977 Burke corrió al campo de juego para felicitar a Dusty Baker, compañero suyo que acababa de convertir su home run número treinta, mientras este recorría las bases. Burke lo hizo levantando su mano extendida sobre su cabeza. Baker, al verlo, y sin saber qué hacer ante este gesto, le dio una palmada. A partir de allí, comenzaron a usarlo para festejar. Y después de su retiro, Burke lo siguió utilizando entre los otros homosexuales residentes del Distrito Castro de San Francisco, como un símbolo de orgullo gay e identificación. Así que ya saben, pueden reírse cuando vean a algún idiota hacerlo para celebrar un chiste discriminatorio.

43. DE JOHN LENNON AL GOLFO PÉRSICO

Cuando mencionamos a John Lennon, lo primero que pensamos es en el hincha fanático de Racing que tocó en los Beatles. Lo segundo que pensamos es que un beatle nada tiene que hacer en un libro de deportes. Pero déjennos terminar: de niño, John Lennon era fanático de un futbolista chileno.

Corría 1952. Un Johncito Lennon intrépido, juguetón e hiperactivo hacía lo que todo niño inglés de once años podía hacer: mirar BBC Kids, tomar tecito con masitas y ser fanático del fútbol. Lo que no sabía era que el destino le tenía preparada una trampa y que años más tarde moriría a manos de un fanático. Pero esa es otra historia.

En 1952, como en muchos otros años, se disputó una versión más de la FA Cup, la mal llamada "copa más antigua del planeta". En esta oportunidad, la final fue disputada por el Newcastle y el Arsenal. El Newcastle se quedaría con el título, que también había ganado el año anterior, redondeando la mejor época del equipo albinegro. Su plantel estaba integrado, entre otros, por los hermanos Jorge y Ted Robledo, quienes habían nacido en Chile y emigrado a Inglaterra a muy corta edad[1]. Llegaron a ser súper estrellas, sobre todo Jorge, considerado uno de los mejores jugadores chilenos de toda la historia.

---

[1] La emigración fue a corta edad. El nacimiento fue a cortísima edad en ambos casos.

Fue Jorge Robledo quien conectó un espléndido cabezazo en esa final, marcando el único gol del partido y dando al equipo de Tyneside un nuevo título. El pre-astro de la música, como todo niño de entre diez y catorce años que aún se ilusiona con el fútbol, dibujó esa escena en su cuaderno en clara señal de dudosa idolatría.

Se supo poco y nada de esta historia. Hasta que un post-astro John Lennon decidió desempolvar ese dibujo y utilizarlo para ilustrar la tapa de su disco "Walls and Bridges" de 1974. Pero aún no se sabía nada de ese dibujo. Y a nosotros no nos importó. Se dijo que era un autorretrato, e incluso se llegó a inventar[2] que era otra tapa en la que claramente se daban señales de que Paul McCartney había muerto. Hasta que apareció el escritor porteño (de Valparaíso, no de Buenos Aires) Néstor Flores, quien lo descubrió todo.

Investigando para un libro sobre la vida de Ted Robledo, Flores acudió al mítico gol de su hermano Jorge como parte del rastreo. Al ver la foto de los diarios de la época, supo que esa imagen ya la había visto antes: se trataba de una copia casi exacta del dibujo del músico inglés. Luego se confirmó que era al revés: que Lennon había dibujado la foto y no que unos jugadores hubieran imitado en 1952 lo que habían visto en el dibujo de un niño.

Allí se ve de frente a Jorge Robledo convirtiendo el gol que el 3 de mayo del 52 le diera el título al club del cual ya no tengo más sinónimos disponibles. El dibujo, fechado en junio de ese año, muestra exactamente la misma escena.

"Dedicate a la música, Johncito", le habría gritado desde un paravalanchas su propio padre al ver esta comparación.

En 1972, John Lennon estuvo a punto de visitar Chile, invitado por el escritor Fernando Alegría, miembro de la Unidad Popular de Salvador Allende. Estaba todo listo, pero Lennon, quien no había obtenido aún su green card[3] para residir en Estados Unidos, sabía que se metería en problemas con el FBI si salía del país. Y más si era para visitar al Chile socialista. Dos años después, publicaría el disco con Robledo en la tapa. Más allá de lo político

---

[2] En este mismo artículo.
[3] La wild card de la vida.

e ideológico, es claro que Lennon aceptó la invitación con la esperanza de conocer a su ídolo, quien lamentablemente moriría diecisiete años después.

Jorge Robledo no sólo fue dibujado por Lennon. Fue uno de los mejores futbolistas chilenos. Nacido en Iquique, comenzó su carrera en Inglaterra donde era conocido como George Robledo. Luego de jugar de forma amateur y en divisiones menores, el Newcastle quiso llevarlo a la primera, pero él se negaba a menos que lo acompañara su hermano Ted, como finalmente ocurrió. Fue el primer sudamericano en llegar a una final de la FA Cup y el primero en jugar una final en Wembley. Asimismo, fue el primer extranjero en marcar un gol allí. Fue goleador de la temporada 51-52 y durante casi cincuenta años mantuvo el récord de máximo goleador no británico del fútbol inglés. Luego fue vendido al Colo Colo, donde debutó con dos goles frente a un equipo con uno de los mejores nombres de la historia: el Ferrobádminton. Murió en Viña del Mar, donde trabajó como encargado de deportes de un colegio.

Ante esta maravillosa historia, cabe preguntarnos por qué el escritor chileno estaba haciendo una biografía sobre Ted y no sobre Jorge. Ted Robledo acompañó en su carrera futbolística a su hermano. Aunque jugaba peor que él, llegó a vestir la camiseta chilena en el mundial de Brasil 1950, jugó también en Newcastle, y también regresó para vestir la camiseta del Colo Colo. Pero a diferencia de la carrera de Jorge, no todo terminó allí. Se casó con una bailarina de flamenco a dos meses de conocerla, luego regresó al fútbol inglés para jugar en el Notts County, y dejó el fútbol para ejercer como técnico electrónico... en la NASA. Pero como le pagaban mal, en 1965 decidió dedicarse al siempre lucrativo negocio de ser director técnico en El Salvador, a cargo del equipo Once Municipal.

Luego trabajó levantando torres petroleras en Brasil y África, hasta que un buen día de 1970 (un mal día, en realidad), desapareció. No se supo más de él hasta que una noticia recogida por la agencia France Presse llegó a oídos de su hermano en Chile: había muerto en un barco petrolero que se dirigía a Omán. Nunca se encontró el cuerpo. Había abordado el barco invitado por el capitán alemán Hans Basseinich, a quien había conocido en uno de sus viajes. El juicio nunca arrojó culpables. En 1971 Chile retiró su embajada de Omán y aún hoy sigue sin representación diplomática allí.

En medio de las investigaciones, la policía de Dubai dio con cuatro tripulantes del barco que aseguraron haber visto a Robledo en él, contradiciendo la coartada de Basseinich. Además afirmaron que el alemán les había pedido que no dijeran que lo habían visto. Reconstruyendo la situación, el chileno cenó con el capitán en altamar y se lo vio por última vez a la 1 de la madrugada. Ya a la mañana siguiente no estaba y Basseinich dijo que se había arrojado al mar para nadar cinco millas hasta la costa. Luego diría que nunca se subió al buque.

Las dudas aparecen rápidamente: ¿quién fue realmente el tal Ted Robledo para que alguien quisiera asesinarlo o tenderle una trampa? ¿Por qué había sido invitado por ese capitán alemán? ¿Cómo fue su muerte? Ya hoy parece imposible saber la verdadera historia, aunque como dijo Perón, "la única verdadera historia es la real historia". Lo cierto es que se especula con que Ted era espía británico, lo cual explicaría su presencia en lugares de sensible interés para la Corona Británica: países sudamericanos, países africanos, el Medio Oriente, Centroamérica, su trabajo en la NASA, en la petrolera International Drilling o el Colo Colo. También se maneja la hipótesis de que se dedicaba al tráfico de drogas o al contrabando.

El padre de los Robledo -Robledo padre, no Robledo persona- también guarda algunos misterios. No acompañó a su familia cuando emigraron a Inglaterra pese a estar en el barco minutos antes de zarpar. Cuenta la historia que pidió permiso para ir a comprar cigarrillos y nunca más volvió, por lo que el barco se fue sin él . Murió de un ataque a la vesícula en medio de la fiebre del oro en el norte de Chile.

Envueltos en mil misterios y asuntos por resolver, esta fue la historia de dos cracks de verdad, de los que ya no hay. Dos súper estrellas del fútbol sudamericano que tuvieron la gloria y dejaron su sello en el fútbol inglés. Y que a pesar de ello, fueron un ejemplo de humildad, y que luego del retiro, se levantaron todos los días a las 5 de la mañana para trabajar en un colegio, levantar torres petroleras, ser espías británicos o narcotraficantes. Lo mismo da.

44. MANZANA IN CORPORE ENFERMO

Patricio Gronda

Los Juegos Olímpicos de Saint Louis, en 1904, tal vez tengan el record Guiness no oficial (o sea, no Guiness) de ser los más extraños de la historia. Y por extraños no nos referimos a la curiosidad histórica propia de otros juegos olímpicos (ver en este mismo volumen la historia de Luz Long, sólo por dar un ejemplo o tener en cuenta que en todos se entrecruzan cientos de historias, récords y resultados de interés) sino a todo un nuevo nivel de particularidades.

Para entender un poco a qué nos referimos, vale decir que el sitio original de realización iba a ser Chicago y que iba a ser casi un corolario (si es que el corolario no le interesa a nadie) de la feria mundial que se realizó en esa ciudad ese mismo año. Pero parece que los organizadores de dicha feria no tenían muchas ganas de perder público, por lo que se negaron a agregarlos al programa. De hecho, llegaron a amenazar con hacer sus propias competencias olímpicas si no se "dejaban de romper las bolas con esa boludez de los jueguitos no sé qué" (es posible que esta cita no sea exacta). Ante la negación terminante a hacer sinergia, el presidente Roosevelt (máximo impulsor de que la contienda fuera en tierra norteamericana por considerar el deporte una muestra de "hombría") decidió trasladar la realización de la competencia a Saint Louis, ciudad que en una escala de 1 a 10 estaba preparada un Fosa de las Marianas para recibirla.

Además, la falta de conocimiento organizativo y el deseo de darle el gusto a todo posible participante (se incluyeron un total de noventa y cuatro disciplinas, desde la maratón hasta, suponemos, pintado de cercas con Tom Sawyer) hizo que los Juegos se alargaran un pelín más de lo previsto originalmente: de una semana (del 29 de agosto al 3 de septiembre) que iban a durar se extendieron a más de cuatro meses (desde el 1o de julio al 23 de noviembre), con el consiguiente agotamiento de la población y los pedidos desesperados de los atletas que querían volver a sus vidas, a ver a sus familias, a tierras natales que a esa altura tal vez ya hubieran dejado de existir.

Para empeorar las cosas, aún faltaban quince años para que los vuelos transatlánticos fueran algo habitual y Saint Louis se encuentra en el centro de la masa continental. Esto causó que la mayor parte de los competidores (y como consecuencia, ganadores de medallas) fueran estadounidenses. Uno podrá pensar (y decir en voz alta) que la falta de voluntad de los atletas es preocupante y vergonzosa, pero como es habitual sólo seguían el ejemplo de los de arriba: Coubertin no sólo no viajó sino que declaró que tenía "el presentimiento de que estas Olimpíadas reflejarán la mediocridad de la ciudad" (esta cita sí es exacta y explica probablemente por qué no hay una estatua de Coubertín en Saint Louis como sí la hay en Montevideo, ciudad de la que no se conoce que alguna vez haya dicho nada).

Pero todo esto sería tan solo una muestra de falta de habilidad o criterio si no fuera que, además, algunas de las mejores historias olímpicas tuvieron lugar en estos Juegos. Brillante es la historia de George Eyser, quien ganó seis medallas doradas en un solo día, dando la ventaja de jugar con una pierna ortopédica, no usándola como raqueta o similar, sino que reemplazando una de sus piernas reales (la cual había perdido de niño en una competencia contra un tren en el que sólo pudo ganar medalla de plata), como un Oscar Pistorius de principios de siglo pasado pero más exitoso y con menos causas por asesinato en su contra.

O la de Thomas Hicks, el primer norteamericano en ganar la maratón pero quien probablemente no estuviera del todo consciente de lo que estaba logrando. Después de todo, durante los últimos kilómetros de la carrera sus entrenadores le habían estado dando sulfato de estricnina (algo así como veneno para ratas), huevos crudos y brandy, para mantenerlo en pie. Los espectadores aseguran que en los últimos tres kilómetros de la carrera, Hicks balbuceaba sin sentido y no podía fijar la vista. De hecho, al pasar la meta cayó al piso y tuvo que ser atendido por un equipo de médicos, sin poder siquiera recibir la corona de parte de Alice Roosevelt, la hija del presidente norteamericano.

Y hablando de la desplantada Alice, no era el primer desprecio que sufría en esa maratón, ya que apenas minutos antes había sido parte de uno de los más famosos "osos" de la historia de los deportes olímpicos: Fred Lorz había llegado primero a la meta, la había atravesado, se había acercado al podio y había recibido el premio de manos de la joven tan solo para, entre risas y suponemos que codeándola, confesar que "Naaah, no gané nada, es una joda. Venía bien los primeros kilómetros, pero después me agarró terrible calambre y paré. Me vine en auto, ¿viste?, pero pintó ver qué onda si entraba corriendo y me gritaban y eso. Muy bueno todo, eh. Bien la gente, buena onda. Pero dejá, me voy, denle el premio al próximo" (es posible que esta cita tampoco sea textual). Es extraño que Roosevelt no lo haya dejado inconsciente de un estricninazo.

Pero vayamos finalmente al grano (uh, llegar acá fue toda una maratón) y hablemos de quien realmente nos interesa (para no seguir alargándonos tanto con otras cosas, olvidemos de momento que el competidor que llegó en noveno lugar en la maratón, Len Taunyane, también conocido por ser el primer africano de piel negra en competir en un Juego Olímpico, había sido desviado más de dos kilómetros de la ruta por una jauría de perros), del competidor que llegó en cuarto lugar pese a sufrir todos los contratiempos que puede sufrir un solo ser humano: Félix de la Caridad Carvajal y Soto, o, como era más conocido, Andarín Carvajal.

Andarín era cubano, nacido en 1875 en San Antonio de los Baños. De espíritu tenaz, nació en la más absoluta pobreza y murió en la más absoluta pobreza (algo que, valga decirlo, era casi tan fácil lograr en la Cuba anterior al bloqueo criminal como durante los años del mismo), pero en La Habana. Gustaba de correr y es legendaria la historia de la vez que, con tan solo 14 años, retó a un atleta español llamado Mariano Bielsa a correr vueltas al parque para ver quién aguantaba más. El resultado fue un aplastante triunfo de Carvajal por ocho horas contra seis de Bielsa (nadie sabe muy bien para qué siguió corriendo después de la hora seis y un minuto). El otro resultado fue un embole importante para los que estaban mirando, especialmente después de tres o cuatro horas.

Justamente esta historia muestra su mayor característica: una impresionante resistencia que le permitía hacer su ruta de cartero con mucha eficiencia, así como a la vez poder cargar no sólo con su morral con cartas sino también con carteles y letreros pegados en su cuerpo, haciendo de clásico hombre sándwich para ganar un dinero extra. Además, en la última fase de la Guerra de Cuba (el proceso bélico por el cual se independizó de España) se había desempeñado como correo para los mambises (guerrilleros independentistas cubanos y filipinos). En total, se cuenta que Andarín (como ya se lo conocía desde joven) corría alrededor de cincuenta kilómetros por día.

Tomando en cuenta esto, no es extraño que a alguien se le ocurriera sugerirle participar en la maratón de los próximos Juegos Olímpicos de Saint Louis. Si bien la idea tenía mucho encanto para nuestro héroe, la dura realidad era que el viaje era costoso y las balsas cubanas todavía no habían sido inventadas, al menos en la forma que nos iba a traer la segunda mitad del siglo. Sin demasiado dinero, decidió intentar con el primer crowdfunding del que se tiene registro: durante sus largas caminatas para repartir el correo se ponía una camiseta que rezaba "Colabore con un atleta cubano que quiere participar en las Olimpíadas de Saint Louis" y, peso a peso y con la ayuda del pueblo, fue juntando el monto necesario para hacer el viaje. No sabemos qué ofreció como recompensa por las colaboraciones, pero suponemos que incluía llevar gente a babuchas.

El viaje no es sencillo. Sin experiencia previa en navegar, Andarín vomita y no puede comer durante la mayor parte. Pierde peso y llega cansado a Nueva Orleans, donde prontamente se deshace de todo su dinero en manos de tahúres y otras partes corporales de señoritas de vida no sabemos si fácil o no. Los 1100 kilómetros hasta Saint Louis los tiene que hacer, entonces, parcialmente a pie y en parte pidiendo aventones, y ayudado por la bondad de la gente que se encuentra por el camino. Por cierto, esta es solo una versión de la historia. Otra dice que llegó directamente a Saint Louis sin perder dinero por el camino, aunque sí con el tiempo justo. Elija la que más le gusta, pero si le gusta más la segunda usted no tiene espíritu de la aventura. Sea cual sea la realidad de su llegada al sitio de competencia, lo que sí es seguro es que logra arribar y anotarse sobre la hora, convirtiéndose en el primer atleta cubano en participar en unos Juegos Olímpicos.

Al llegar a la línea de salida, segundos antes de la orden de largada, sus rivales se ríen (para sus adentros algunos, otros abiertamente) ante su aspecto: no tiene uniforme, sólo sus botas de cartero (de cuero duro, más pensadas para perdurar en el tiempo que para ganar medallas doradas), una camisa de manga larga y sus pantalones de vestir, también usados para trabajar. La salida se atrasa unos minutos y un lanzador de discos norteamericano le presta unas tijeras para que pueda cortar tanto mangas como piernas del pantalón y así ganar un poco de comodidad para la difícil competencia que se avecina.

Arrancan los competidores. Carvajal asume un tranco cómodo (para él, cualquiera de nosotros se hubiera muerto de agotamiento) y en tan sólo quince kilómetros le saca cinco de ventaja al ya mencionado Fred Lorz, quien todavía no había decidido subirse al carro (literal) de los vencedores. Y lo hace con las técnicas que seguramente cualquier técnico le recomendaría a un profesional de hoy en día: charla con algunos espectadores para practicar su poco inglés, le roba unos duraznos a otro y, motivos poco claros, por momentos corre de espaldas mirando hacia atrás.

Pero algo no va bien: la persistencia humana puede no tener límites mientras haya combustible que la sostenga. Y justamente es esto lo que le empieza a faltar a nuestro protagonista: hace cuarenta horas que no come y la naturaleza se lo hace sentir. En el kilometro 25 y con una temperatura arriba de los treinta grados, su cuerpo le dice basta.

No, no se murió, no sean dramáticos. Lo que hizo fue meterse en un huerto al lado del camino, tomar cinco manzanas de un árbol y comerlas. Lamentablemente, las manzanas le caen mal. No está claro si estaban en mal estado o si simplemente fue una combinación de calor, agotamiento y un organismo que ya venía golpeado, pero lo cierto es que el pobre Carvajal sufre una diarrea fulminante y tiene que detenerse varias veces al lado del camino a hacer sus necesidades. Luego de la tercera vez, hizo lo que cualquiera que está participando en uno de los eventos más importantes de su vida haría en esta situación: durmió una siesta antes de continuar corriendo.

Desafortunadamente los contratiempos fueron demasiado. Si bien logró recuperar posiciones, ya no pudo alcanzar al pelotón de punta y terminó quinto (quedando cuarto luego de la descalificación de Lorz) entre los catorce corredores (de treinta y dos) que finalizaron la carrera. Todo un mérito, considerando las ventajas dadas. Y tengamos en cuenta que hubo otros diez corredores que no pudieron ganar una carrera en la que un corredor fue envenenado por sus propios entrenadores, otro perseguido por perros durante dos kilómetros, un tercero hizo trampa y fue descalificado, y otro se echó una siesta en plena competencia.

Sin dinero, Félix Carvajal repitió el método de la remera (imaginamos que traducida al inglés) para juntar el dinero suficiente para volver a su tierra natal. Una vez allí retomó su trabajo de cartero, pero sin dejar nunca de correr también por deporte. Falleció de un ataque cardíaco en 1949, dejando un recuerdo imborrable que se hace palabra cada vez que un cubano le dice a otro que corre más que Andarín.

45. EL DISCO DE ORO DE ROBERT GARRETT

Francisco Godinez Galay

Bien podría haberse dedicado a la música, sin duda su disco debut hubiera sido un éxito. Ya lo imaginamos: Robert Garrett y los barones del ritmo, el primer grupo de dixieland integrado por un blanco. Pero no. Siendo este un libro de deportes, con disco nos referimos al implemento circular que se lanza en las contiendas olímpicas.

Robert Garrett nació en 1875 en el seno (en realidad en la vagina) de una adinerada familia de Baltimore. La suprema verdad de la milanesa de nuestro héroe de Maryland, es que no tiene ninguna proeza social que enarbolar: no tuvo que pelearla desde abajo, no pasó hambre, no durmió en la calle y seguramente no se levantaba sino que se acostaba todos los días a las cinco de la mañana, ya que sus hijos tendrían la comida asegurada por mucho tiempo. Estudió en Princeton, comía los mejores manjares y realizaba los mejores viajes. Y si de viajes y manjares hablamos, qué mejor que comer una aceitunita con queso de cabra en las costas de Grecia. Y si de tener dinero hablamos, qué mejor que malgastarlo en deportes poco lucrativos como el atletismo.

1896. Comienzo del cortísimo Siglo XIX bis, palabras de un Hobsbawm alegre por el ananá fizz de unas navidades y que luego fueran publicadas en forma de libro, y el comienzo de la era olímpica moderna. Atenas se preparaba para celebrar a la humanidad y ¿por qué no? demostrar que los griegos eran quienes podían aplastar al resto en lo que a destreza física compete.

En lanzamiento de disco, las esperanzas helénicas estaban puestas en Panagiotis Paraskevopoulos, campeón nacional, y también en Sotirios Versis, otro de los candidatos a llevarse el oro.

Robert Garrett había viajado a Atenas para competir en varias disciplinas de atletismo, pero su especialidad era el lanzamiento de bala. Su entrenador lo había impulsado a que practicara lanzamiento de disco, y Garrett, que nunca había siquiera visto cómo era un disco, mandó a hacerse uno, quizás, de oro macizo. El herrero que le hizo el trabajo seguramente lo intentó "pasear" para aprovecharse de su dinero y le hizo un implemento de ¡catorce kilos! Doce kilos más que un disco reglamentario. Ante la dificultad de lanzar aquella cosa, Garrett decidió no competir en ese deporte y seguir con su proyecto de participar en lanzamiento de bala, salto en largo, salto en alto y otros.

Al llegar a Atenas y enterarse de que el disco pesaba mucho menos que lo que su herrero había determinado, decidió anotarse "para joder un rato" (no sic). Sus palabras fueron: "Me metí a lanzar aquella cosa aspirando tan sólo a quedar en el último lugar". La desaprensión respecto del deporte, el "perdido por perdido", y hasta el desconocimiento siquiera del nombre de lo que había que lanzar, le jugarían a favor aquel 6 de abril de 1896.

Los contendientes listos. Todos lanzan sus tres oportunidades con suerte dispar, por no decir que no tenemos datos. Panagiotis Paraskevopoulos, el favorito y local, hace un espectacular lanzamiento de 28.95 metros. Queda primero y con el oro en medio bolsillo. Quedaban los lanzamientos de Garrett.

Lanzamiento 1, defectuoso. El disco sale torcido y los espectadores ríen, sobre todo por su forma ampulosa de moverse. Lanzamiento 2, defectuoso. El disco vuelve a salir torcido, casi impactando en un sector del público, que ya no ríe tanto. Lanzamiento 3, el último. Pero como sabemos, en disco, un lanzamiento es una eternidad. Con sus movimientos poco ortodoxos, alejados de la tradición griega antigua con la que tiraban los locales, Garrett logra un lanzamiento que se eleva. Se eleva y se eleva. El público cambia algunas risitas de sorna y otras de miedo por humedad en los ojos. El disco empieza a caer y toca el suelo. 29.15 metros. Oro.

Silencio en el estadio. Miradas entre los griegos. Alegría pícara en Garrett, quien se convierte así en el primer campeón olímpico moderno en lanzamiento de disco, habiendo tirado tres veces en su vida, las tres en plena competencia oficial.

Sin embargo hay quienes aseguran que Garrett quedó muy decepcionado con su performance: su objetivo era aspirar al último lugar y había fracasado. Y de qué modo. Un auténtico fracaso heroico.

Pero no todo quedaría ahí. Garrett que, como dijimos, en realidad había ido a disputar otras disciplinas, también se llevó medalla de oro en lanzamiento de bala, plata en salto en alto y plata en salto en largo. Y siguió teniendo resultados. De hecho, en París 1900 se llevó bronce en lanzamiento de bala y en triple salto sin carrera. Y, según Wikipedia, "además perteneció al equipo de tira y afloja pero no pudo participar porque tres de sus seis miembros fueron requeridos para el lanzamiento de martillo". Poseer seis miembros (en vez de los cuatro habituales en los hombres (o los cinco, según cómo se mire)), explicaría su virtuosismo para lanzar y saltar.

Se retiró del deporte antes de que el deporte se diera cuenta de que en realidad nunca se había dedicado decididamente a él más que como un pasatiempo. Luego fue banquero y filántropo, sus donaciones hicieron énfasis en la ciencia y la arqueología. Consolidó una colección de manuscritos antiguos que llegó a tener más de diez mil, incluidos dieciséis griegos bizantinos, casi como un gesto con el cual nos pudo demostrar que con dinero se puede ser dueño de la historia. Y que los ricos también tienen derecho a habitar la épica.

46. TRAGO AMARGO

Alejandro Torre

"Ahora, escúchame bien. Esta es la historia de un caballo de carreras uruguayo o, en realidad, de dos. Uno, el mejor caballo de carreras en la historia del turf local; el otro, un desecho de seiscientos dólares. Es la historia de un veterinario neoyorquino que manejaba purasangres tan ilustres como desconocidos; de una elegante y misteriosa rubia extranjera comprando caballos en Montevideo; de un jockey rehabilitado sorprendiendo con un 57 a 1 en las apuestas del aristocrático hipódromo de Belmont Park en NY; de extrañas maniobras en la oscuridad de la noche en el JFK de NY; de un caballo encontrado muerto en un vertedero de basura de New Jersey, de una apuesta de U\$S 10000 que salió mal y la de una de U\$S 1300 que salió bien. Es el caso de un 'clon', de un fraude en el más emblemático hipódromo de los Estados Unidos y la de una cuantiosa estafa de seguros".

Aeropuerto Internacional JFK, NY. Junio 4 de 1977. 3:47AM.

Procedente de Montevideo aterriza en la pista 13R-31L una aeronave de carga que transporta nueve caballos de carreras. Seis caballos de procedencia argentina, uno panameño y dos de Uruguay. Estos últimos se encontraba consignados a nombre del Dr. Mark Gerard.

Meses después.

Es el 23 de Setiembre de 1977. En una lluviosa tarde de viernes se corre la última carrera en el hipódromo Belmont Park, New Jersey, estado de New York.

Lebón, un caballo desconocido y con muy pocas chances de ganar lidera cómodamente la carrera por dos cuerpos de distancia con su cuello erguido cual orgulloso caballo de ajedrez. Doblan la última curva, Lebón incrementa la diferencia y gana por cuatro cuerpos.

Cuando las luces iluminan el marcador de apuestas y dividendos, la sorpresa es general: un simple tiquete de U$S 2 pasa a valer ahora U$S 116 . El mayor dividendo pago en Belmont Park en la historia.

Revisados tiempo después los monitores de seguridad, estos revelan la conducta de un apostador que, nervioso, se paseaba en las cercanías de la ventanilla 226, donde se realizaban las apuestas fuertes. Se lo ve comprar un puñado de boletos y salir a revisar los pizarrones donde se mostraban marcadores y dividendos, volviendo a reforzar su apuesta. Este apostador será reconocido tiempo más tarde como el Dr. Mark Gerard.

A este veterinario neoyorquino de 43 años, que trabajaba en el mismísimo Belmont Park, sus apuestas en esa tarde le dieron como ganancia U$S 80440.

El historial de carreras de Lebón marcaba que era un caballo que venía de Uruguay, que no había ganado una carrera en los últimos diez meses, que había salido en la posición 11 de 12 en su última carrera una semana antes en su primera presentación en los Estados Unidos. Un mediocre con todas las letras. Así es que se comenzaron a sumar preguntas sin respuestas y, por sobre todo, fuertes sospechas.

Lebón era uno de los caballos que el Dr. Gerard había consignado desde Uruguay.

A principios del mes de mayo un criador de caballos uruguayo llamado Luis Donamari, se entrevistó con la señora Alice Gerard, quien representaba a su marido, el Dr. Mark Gerard. Tomó varias fotografías y mandó hacer análisis de sangre a dos caballos que tenía intención de comprar. Uno de ellos se llamaba Cinzano.

Así, la última carrera del 23 de Setiembre en el Belmont Park comienza a tener más sentido si la miramos desde otro lado. Olvidemos a Lebón y pongamos en su lugar a otro caballo, uno llamado Cinzano. Un caballo bayo (al igual que Lebón) y con un gran parecido físico, que también había sido criado y había corrido en Uruguay, pero con una performance brillante.

Cinzano había corrido ocho veces en el Hipódromo Nacional de Maroñas (el Belmont Park de Montevideo) y ganado en siete oportunidades. Era ganador de la triple corona de su país, palmarés al que se le sumaban otras tantas victorias en el Hipódromo de San Isidro de Buenos Aires.

Un dato no menor es que el jockey que montó esa noche -al ya supuesto- Lebón era Larry Adams, un jockey que cargaba con la reputación de amañar carreras y quién, no mucho tiempo atrás, había sido reinsertado al circuito luego de una larga suspensión por un asunto relacionado con drogas.

Algo andaba definitivamente mal, algo empezaba a oler a podrido en el turf neoyorquino, algo que hasta la fecha no tenía precedentes, ni siquiera en los más cuestionados centros hípicos como los de Florida o en el "averno hípico" como se le consideraba a New England. La confirmación de lo sucedido llegó por una extraña llamada telefónica.

El 14 de octubre de ese año un periodista del diario El País de Montevideo se puso en contacto con Bud Hyland, quien oficiaba como uno de los miembros de Jockey Club de Nueva York. Nunca se supo de que manera Hyland fue notificado o porqué.

Un fuerte rumor había corrido por el Belmont Park semanas antes. Una apuesta de U$S 10000 se había realizado en la primera carrera del 9 de Setiembre de 1977 a favor de Lebón. Los dividendos bajaron sustancialmente de 57-1 a 7-1 y, a la vez, Lebón no ganó su carrera, sino que salió segundo. Esta apuesta había sido realizada por una apostadora; una alta, tan excéntrica como misteriosa, rubia que esa tarde se había robado la atención de todos los presentes. Lebón corrió dos carreras esa tarde, ganando la segunda y saliendo en segundo puesto en la primera. Un mal dato, una confusión, llevó a que a la blonda apostadora se le derrumbara el plan que tenía orquestado. De alguna manera se había hecho del dato de que se estaba tramando algo grande.

Conociendo la historia del caballo, y viéndose perdida esa tarde, se dice que fue ella en su enojo la que alertó al periódico uruguayo, sabedora de que se estaba tramando un fraude. Se rumoreo que la misteriosa rubia podría haber sido Chista Mancura, una alemana de unos cuarenta años quién por años había estado corriendo y apostando caballos en Nueva York y Florida.

Así fue que, el periódico uruguayo El País, le pidió a la Associated Press fotos del ganador de la carrera del 23 de Setiembre. Una vez obtenidas las mismas, declaró el medio, en la voz de su periodista especializado en turf, que efectivamente se trataba de una maniobra, de que se estaba frente a un 'clon'. El supuesto Lebón, en realidad, era Cinzano.

¿Cómo es qué orquestó esta jugada que con buena planificación pudo esquivar un protocolo de seguridad que hasta ese momento se creía fiable?

En la tardecita del 3 de junio de 1977, Cinzano y Lebón fueron embarcados en un avión de carga desde el Aeropuerto Internacional de Carrasco en Uruguay con destino final en el JFK de NY. Seis caballos de Argentina y uno de Panamá completaban el envío. No habían fotos identificatorias de los caballos ni fotógrafos encargados del trabajo en el vuelo que tocó tierras neoyorquinas en la pista 13R-31L a las 3:20 AM hora local.

Los animales fueron recibidos por Eugene Hammer del Cardinal Air Service, quien estuvo a cargo del transporte; un veterinario de Departamento de Agricultura de los EEUU (USDA) y el consignatario de dos de los caballos (Cinzano y Lebón), el Dr. Mark Gerard.

Se siguieron los procedimientos de rutina, se tomaron muestras de sangre para asegurar las condiciones sanitarias de los animales y se elaboraron los certificados de identidad.

Así, con dos caballos bayos de singular parecido, levemente diferenciables por una mancha en forma de estrella en la cabeza y con sus nombres apenas identificables en un collar colocados en sus cuellos, se volvió impreciso el procedimiento; una muy pobre y confusa identificación.

Cinzano y Lebón fueron dados por aprobados sanitariamente por el personal de la USDA y el 11 de junio fueron conducidos a la casa de Gerard en Muttontown, Long Island. A la noche siguiente se comunica que Cinzano ha sufrido un accidente: una doble fractura de cráneo y de tobillo en la granja del Dr. Gerard; y que a raíz del mismo ha muerto.

Al mismo tiempo que Cinzano había sido despachado hacia los Estados Unidos, había sido asegurado por un valor de U$S 150.000. La póliza estaba suscrita por la Oficina General de Tasaciones (OGT) de Jericho, Nassau,

N.Y. en las oficinas de una firma inglesa de seguros y fue ante esta oficina que el Dr. Gerard se presentó, afirmando que el caballo había sufrido lesiones de altísima consideración y había muerto.

Así fue que el supuesto 'Cinzano' terminó en un vertedero de la ciudad de Huntington bajo 60.000 Ton. de basura que descansan sobre el esqueleto fracturado de Lebón.

Antes que las compañías aseguradoras pagasen la deuda que el seguro tenía para con los dueños del caballo dos veterinarios, uno actuando a favor del dueño y el otro por la aseguradora, debieron: 1) certificar que de hecho el animal había muerto, 2) que el cuerpo encontrado fuese del caballo del que se hablaba y, finalmente, 3) que fuese plausible la causa de la muerte. Esto último normalmente requiere de una autopsia que al parecer nunca se realizó.

A los representantes de las OGT le hemos hecho algunas preguntas acerca del manejo del caso Cinzano en la última semana. Esto nos dijo Pete Lombardo director de la OGT:

PT: Tenemos el compromiso con nuestro cliente de no discutir sobre este tema, no haremos declaraciones, no hemos hecho nada malo.

PERIODISTA: ¿Obtuvo la OGT las firmas de ambos veterinarios?

PT: Por supuesto

PERIODISTA: ¿Puede uno de los veterinarios llamar a un tercero para constatar realmente la muerte del animal?

PT: Oiga, son profesionales señor, creo que saben bien cuando algo está muerto, y agregó: _"Ellos han tomado el juramento hipocrático, correcto? No tenemos razones para generar sospechas ni sobre los profesionales en cuestión ni tampoco sobre el Dr. Gerard. Después de todo, era el veterinario oficial del Belmont Park, ¿o qué?.

El segundo veterinario, cuyo nombre está en el documento, era un viejo amigo del Dr. Gerard, el Dr. Hap Hemphill. Este nunca hizo declaraciones al respecto.

Yo conocía al Dr. Gerard", nos dijo Jack Price, quien era dueño y entrenaba a Carry Black, otro de los mitos vivientes del Belmont Park.

"Siempre me llevé muy bien con él. Leyendo sobre Cinzano y Lebón tuve el presentimiento que debía de ser una especie de Dr. Jekyll and Mr. Hyde. Pero un profesional con su práctica y con ese trabajo podría ganar unos U$S 250000 al año solo dando vacunas de Butazolidin[1], no entendemos por qué se vería envuelto en algo así".

Aeropuerto Internacional JFK, NY. Noviembre 11 de 1977. 11:03 PM.

Para tratar de encontrarle algún sentido a esta historia, descifrar si esto fue o no una estafa y averiguar si realmente Cinzano fue de hecho un 'clon', Joseph Mayer del New York State Racing and Wagering Board, dos veterinarios, el notario del Jockey Club y yo, como cronista de turf del New York Times, estamos en el JFK por partir rumbo a Uruguay para poder investigar el tema más en profundidad.

Mientras embarcamos hablamos entre nosotros de establecer una especie de método de infalibilidad -*a foolproof method*- de registros de los caballos que ingresen a los Estados Unidos. *"En la situación actual, se podría importar una mula como un pura sangre y podría pasar desapercibido"* comenta uno de los veterinarios.

Caminábamos por la pista del JFK y ya al pie de la escalerilla del PANAM que estábamos por abordar, Joseph Mayer se detiene y me afirma con un tono casi de resignación: *"Por desgracia, el Jockey Club cree que las personas honorables hacen cosas honorables y que la mayoría de la personas en las carreras son honestas.*

Pero el juego ha cambiado para siempre, Cinzano lo ha demostrado. Estamos jodidos".
SIC: *"We're fucked".*

Meses más tarde el Dr. Gerard firmo un reclamo frente a la aseguradora en nombre de un tal Richard Taub, quien cobró el seguro.

---

[1] Antiflamatorio no esteroide.

47. BOTINES BENDITOS

Juan Pablo Álvarez

"Todo aquel que lucha, de todo se abstiene; ellos, a la verdad, para recibir una corona corruptible, pero nosotros, una incorruptible". (1 Corintios 9:25, Nuevo Testamento[1])

La Copa Libertadores de América nunca fue un terreno propicio para la Virtud y la Gloria a Dios. Si bien es difícil encontrar en la Biblia pasajes que condenen explícitamente el hacer tiempo, el localismo de los árbitros, los codazos al disputar la pelota en un salto, la invasión de campo o los piedrazos al ómnibus que traslada al equipo visitante, los teólogos deportivos coinciden en que se tratan siempre de aberraciones que ofenden las enseñanzas del Creador. Especialmente maligno era este torneo durante fines de los años sesenta y principios de los setenta, cuando un equipo surgido desde la más abyecta oscuridad dominaba el continente a capa y espada o, al menos, a alfileres y jugadas de pelota parada. Ese equipo era Estudiantes de La Plata.

[1] Biblia Versión Reina Valera, 1960.

Para 1971 los pincharratas ya no eran dirigidos por Osvaldo Zubeldía ni contaban con el aporte médico-satánico de Bilardo, una especie de Fausto del mediocampo, pero aun así conservaban buena parte del equipo que había ganado tres Libertadores seguidas y se había coronado mundialmente en 1968, relegando al Manchester United en el mítico Old Trafford. Aquel Estudiantes era un equipo temible e incuestionable representante de la malignidad reinante en la copa. Sus jugadores se valían de artimañas que iban desde tirarle tierra en los ojos al arquero rival durante los córners hasta recordarle a los contrincantes alguna tragedia reciente para "sacarlo del partido" (a Raúl Bernao, delantero de Independiente, la avivada consistía en repetirle que era un asesino, ya que había matado a su mejor amigo en un accidente de caza). Eran casi invencibles de local y llegaban a aquel rutinario partido contra el Barcelona de Guayaquil por la segunda fase de la Copa Libertadores sin haber perdido jamás un partido internacional en La Plata.

Por su parte, el fútbol ecuatoriano era durante aquellos años cualquier cosa menos desarrollado. Les quedaba mucho por aprender y por eso el Barcelona había decidido realizar algunas incorporaciones para desempeñar un buen papel en la Copa Libertadores (que en aquel momento se llamaba así nomás, sin *brichstoun* ni *toshota* ni *DISPONIBLE* entre *Copa* y *Libertadores*). Entre ellas, resaltaban dos muy disímiles: por un lado, llegaba el maestro Alberto Spencer, quien había conquistado tres trofeos continentales y una Copa Intercontinental con el Peñarol de Uruguay y que estaba gastando sus últimos cartuchos; por otro, llegaba un ignoto español llamado Juan Manuel Basurco (aunque en algunos reportes figura como Bazurko o Basurko) quien venía de jugar en Liga Deportiva Universitaria de Portoviejo y cuya particularidad era que no sólo era futbolista sino también sacerdote. Basurco había llegado a Ecuador como misionero (es decir, difundiendo la Palabra de Dios en lugares remotos, no con un pasaporte falso del noreste argentino ni mucho menos copulando recostado boca abajo sobre su pareja) y gracias al permiso otorgado por las autoridades eclesiásticas pudo compatibilizar sus tareas deportivas con las dedicadas a celebrar y difundir la Obra de Dios. Sus actuaciones en Portoviejo pronto llamaron la atención y se convirtió en ídolo para los jóvenes fanáticos del equipo, algo que a Basurco nunca le gustó. El cura solía citarles a sus fanáticos el Deuteronomio 8:19: "Mas será, si llegares a olvidarte de Jehová tu Dios, y anduvieres en pos de dioses ajenos, y les sirvieres, y a ellos te encorvares, protesto hoy contra vosotros, que de cierto pereceréis". Los jóvenes balbuceaban unas disculpas y se marchaban cabizbajos. Aquel fichaje en 1971 fue el momento más alto de su vida deportiva. Era contratado nada menos que por el Barcelona, aunque nada más que por el de Guayaquil. Basurco no se lo pensó dos veces, aunque sí varias más, ya que mudarse a Guayaquil significaba desatender sus obligaciones con los más humildes. Finalmente, y con la promesa de destinar su salario a la parroquia de Portoviejo, el sacerdote aceptó la contratación.

Cuando viene la soberbia, viene también la deshonra; Mas con los humildes
está la sabiduría.
(Proverbios 11:2, Antiguo Testamento[2])

Guárdame, oh Jehová, de manos del impío;
líbrame de hombres injuriosos, que han pensado trastornar mis pasos.
Me han escondido lazo y cuerdas los soberbios;
han tendido red junto a la senda; me han puesto lazos. Selah.
(Sal. 140:4-5, Antiguo Testamento[3]).

La fe no es fácil y eran pocos los hinchas del Barcelona de Guayaquil que creían en conseguir un punto en La Plata. De todos modos, algo unía a creyentes y no creyentes y era la indignación por los comentarios de la prensa argentina, más precisamente por los de un periodista de El Gráfico, Osvaldo Ardizzone, quien se refirió al Barcelona como un equipo "de tercera categoría". Esto, si bien era cierto, despertó la ira ecuatoriana y la ne-

---

[2] Ídem.
[3] Ídem.

cesidad imperiosa de hacer un buen papel en Buenos Aires. A los cronistas argentinos, por su lado, lo único que les llamaba la atención del Barcelona era que todavía jugase allí el maestro Spencer y que el otro delantero fuese un cura, lo que tomaban como una muestra de amateurismo. Con lo que también tenían razón.

El partido, como toda contienda continental en terreno pincharrata, fue áspero y mal jugado, no muy diferente al partido en Guayaquil, cuando Estudiantes ganó uno a cero. Aun cuando eran superiores, los locales preferían llevar el juego a la pelea, a la disputa grecorromana con pelota de por medio. Sin la pulsión agonística, el fútbol no tenía mucho sentido para ellos.

"Uno de los malhechores que estaba colgado le injuriaba, diciendo: 'Si tú eres el Cristo, sálvate a ti mismo y a nosotros'", narraba Lucas (Lc. 23:39-43) en el Nuevo Testamento[4], como anticipando quizás a algún hincha pincharrata apasionado, que colgado del alambrado le espetaría a Basurco que si era tan bueno arreglasen un empate que les conviniese a los dos. El Barcelona no se dejó llevar por esa tentación y fue a buscar la victoria. Mientras, los platenses empleaban todo su repertorio de artimañas antideportivas para amedrentar al adversario, frente a lo cual Basurco ofrecía siempre la otra mejilla, aunque eso a veces lo dejara mal perfilado de cara al arco. Finalmente, la planificación demoníaco-táctica de los platenses se rompería en el minuto 63, cuando Basurco conectó un pase de Spencer y dejó sin chance a Gabriel "Bambi" Flores. 1 a 0 arriba el Barcelona. Luego del gol, Basurco se disculpó con el arquero y le expresó sus condolencias por la muerte de su madre, confundiendo la realidad y la ficción, algo a lo que estaba acostumbrado por su condición de creyente.

En Ecuador, el partido se había convertido en un asunto para la dignidad nacional. Querían demostrarles a los argentinos que no era cierto lo que era cierto, y por eso, cuando el pitazo final confirmó la victoria por uno a cero del Barcelona, todo el país se entregó a las calles con el grito un poco mufa y otro poco desinformado de "Barcelona campeón". Y fue entonces que la

---

[4] Ídem.

celebración duró tres días y cuatro noches, la gesta fue bautizada como "La Hazaña de La Plata" y el cura Basurco recibió el mote que lo acompañaría hasta el final de sus días: el padre de los botines benditos.

Lógicamente, el Barcelona perdió su siguiente partido contra la Unión Española de Chile y así se dilapidaron sus posibilidades de llegar a la final de la Copa Libertadores. Pero esa es otra historia. La de la Hazaña de La Plata y la del cura Basurco "escritas están", como diría Jesús, el recordado "Hijo de Dios".

Porque el ejercicio corporal para poco es provechoso;
mas la piedad para todo aprovecha, pues tiene promesa de esta vida presente, y de
la venidera. (1 Timoteo 4:8[5])

Esa frase de Timoteo, que acostumbraba a repetirla mientras golpeaba a los fieles en el pecho, caló hondo en la conciencia de Basurco. Era muy divertido jugar al fútbol y tenía sus ventajas, como juntar dinero para la iglesia y difundir la Palabra de Dios por medio de la caprichosa. Pero indudablemente sus obligaciones como párroco se veían afectadas por tanto entrenamiento y partido. Ya no adoraba a Dios tantas horas como antes y eso se notaba... de alguna manera. Basurco decidió colgar los botines benditos para siempre y ganar el partido más difícil: el de la gloria eterna.

De la vida de Basurco después de abandonar el fútbol y dedicarse *full time* al servicio religioso no se sabe mucho. En realidad sí, se sabe, pero probablemente sea mejor dejar la historia aquí, en aquel épico uno a cero en La Plata, en aquel coqueteo con la mundanidad, en aquella epopeya inolvidable, en aquella carrera interrumpida por una afiebrada superstición. Si Basurco después volvió al fútbol, fue papa o se convirtió al satanismo es mejor no saberlo. No sea cosa que de comer tanto del árbol del conocimiento se nos tape el bosque de la imaginación.

---

[5] Ídem.

48. POBRE TANI

Francisco Godinez Galay

Iquique es una ciudad del norte de Chile, atrapada entre la costa y el desierto. Vivió su esplendor a fines del siglo XIX y comienzos del XX, gracias sobre todo a la producción de salitre, mineral usado como abono. Claro que ese esplendor se expresaba en la acumulación desproporcionada por parte de capitalistas ingleses que creaban pueblos cerrados donde su decisión era la ley, a costa de la explotación de grandes cantidades de trabajadores, que luego se rebelarían por las condiciones de vida y trabajo, y serían acribillados en la masacre de la escuela Santa María de Iquique en 1907.

Mientras, unos pocos disfrutaban a Enrico Caruso cantando en el esplendoroso Teatro Municipal, único en América Latina, y otros muchos se conformaban con la poca cultura, arte y distracciones que esta ciudad económicamente poderosa les derramaba. Esto incluía la posibilidad que Iquique otorgaba por ser polo de atracción y ciudad depositaria de novedades. Así, llegaría de forma temprana la práctica de múltiples deportes que, como en el caso del boxeo, serían la salida de muchos pobres que intentaban salvarse como bufones de los ricos.

Uno de ellos fue Tani Loayza, quien logró torcer el destino, aunque el destino, siempre vengativo, no se quedó con los brazos cruzados.

Estanislao Loayza Aguilar nació en 1905 en Iquique, ciudad conocida como "Tierra de campeones", en parte, gracias a él. Su primera pelea fue en 1921, con solo quince años. En la misma, ocultó el apellido Loayza para que su madre no se enterara. Ganó por KO ante un público sorprendido por su carácter y velocidad. De allí en más todo comenzó a crecer vertiginosamente.

Tani trabajaba en el matadero para juntar las monedas y así poder ir al cine a ver a su ídolo, Jack Dempsey. Se entrenaba golpeando las reses que colgaban, y, según dijo a la revista Box Magazine, una receta popular ayudó a forjar su fuerza: "Mi principal alimento era el caldo de nuca, que bebíamos casi directamente en la cabeza del animal. Yo creo que eso me hizo ser fuerte, vigoroso y no cansarme jamás durante una pelea".

El boxeo ya era popular en Chile, e Iquique había dado grandes campeones y competidores. Pero si querías ser alguien en el boxeo, debías agachar la cabeza y viajar a Santiago para mostrarte. Sin embargo, el Tani, cuatro años después de su primera pelea y sin cumplir los veinte años, fue el primero en triunfar internacionalmente sin pasar por la lejana capital. Hasta ese entonces había peleado 18 veces, ganando todas; 16 de ellas por K.O.

Luis Vicentini, estrella del boxeo chileno de esa época, pasó por Iquique en medio de su viaje a Estados Unidos. Allí hizo una pelea exhibición con Loayza. Fue tan magistral la presentación del Tani que un entrenador llamado Louis Bouey, que estaba allí presente, le propuso algo.

Benny Leonard había renunciado a su corona de campeón mundial. Se anunció entonces una eliminatoria para pelear por su vacante. Como Vicentini desistió de representar a Chile y Sudamérica, su lugar sería ofrecido al Puma Loayza, quien se embarcaría —literalmente— en la aventura de su vida.

El 13 de noviembre de 1924, se tomó un vapor hacia los Estados Unidos. La embarcación hizo escala en Panamá, donde se subió el campeón ecuatoriano Kid Lombardo, quien también viajaba a los States para pelear por el título mundial. Para matar el tiempo en un viaje tan largo, desafió al Tani a pelear. Al cuarto round, Lombardo quedó tendido en la cubierta del barco.

Al llegar a New York, todo era nuevo para el pampino. Escribiría sorprendido en una carta que "la población entera vive entre la nieve, que día a día es sacada de las calles por trabajadores a los que se les paga especialmente por este trabajo". Su primera pelea allí fue un amistoso preparatorio contra el campeón de peso pluma, Kid Kaplán. El resultado: K.O. en el cuarto round.

El 2 de enero de 1925, tres años y medio después de su primera pelea en la lejana Iquique, Loayza debuta nada más y nada menos que en el Madison Square Garden ante quince mil espectadores: "Es un lugar inmenso como nadie en Iquique se imagina". Le gana por puntos a Moe Gambers. En marzo, las víctimas son Aramis del Pino, por puntos, y Peter Harthley, por K.O. en —otra vez— el cuarto round. Se acerca cada vez más al título mundial. En mayo vence por puntos a Lou Palusso y le vuelve a ganar a Del Pino. El sueño es real: ha llegado a la final por el título mundial y está en su mejor forma: "Me encuentro en plenas condiciones y lleno de fe para conquistar nuevos triunfos, que serán también para mi querido Chile". Todos hablan del sudamericano. Es admirado por Al Capone, quien lo invita dos veces a almorzar, pero el boxeador se niega.

13 de julio de 1925. La pelea es contra Jimmy Goodrich. El Tani, rebautizado por la prensa norteamericana como Stan, está tranquilo. Sabe de su talento, sus condiciones y su estado físico.

La pelea comienza y el chileno golpea con insistencia. Ya en el primer round somete a su rival, lo tiene bajo control. Golpe tras golpe, constantes, decididos, lo acercan un poco más al título. Goodrich está confundido e inmóvil. Nada puede parar el camino del iquiqueño al título. Nada, excepto algo.

Se produce un clinch. El árbitro, el ex boxeador de peso pesado Gumboath Smith, interviene para separar. Toma a Loayza para apartarlo, pero sin querer lo pisa. La combinación entre ambas cosas produce una fractura en el tobillo del chileno. De ahí en más, intenta seguir, pero cae una y otra vez sin ser golpeado por su rival. Se declara el K.O. técnico. Goodrich campeón mundial.

Loayza se recupera de su lesión meses después. Hace algunas peleas y gana varias por K.O, pero ya nada es igual. En 1936, decide volver a Chile.

Como al comienzo, se vuelve a encontrar con Vicentini, esta vez para derrotarlo por el título chileno. La pelea es filmada y proyectada en cines. No pudo ser campeón como su ídolo Dempsey, pero sí un éxito de taquilla, una gloria popular y uno de los pocos que son parte de la Galería de Astros del Madison.

Pronto se retira del boxeo, se mete en política y muere. En ese fatídico orden.

******

Mala suerte, pibe. Todo el mundo cobra al final. La noche del Tani, te acordás pobre Tani, qué biaba. Se veía que el Tani estaba de vuelta. Guapo el indio, me sacudía con todo, dale que va, arriba, abajo. No me hacía nada, pobre Tani. Y eso que cuando lo fui a saludar al rincón me dolía bastante la cara, al fin y al cabo me arrimó una buena leñada. Pobre Tani, vos sabés que me miró, yo le puse el guante en la cabeza y me reía de contento, no me quería reír, te imaginás que no era de él, pobre pibe. Me miró apenas, pero me hizo no sé qué. Todos me agarraban, pibe lindo, pibe macho, ah criollo, y el Tani quieto entre los de él, más chatos que cinco e'queso. Pobre Tani.

Julio Cortázar, "Torito"

49. EL MEJOR INDIO ES...

Adrián Desiderato

Jacobus Franciscus Thorpe, más conocido como Jim Thorpe, menos conocido como Wa-Tho-Huk, nació en Territorio Indio, una porción de suelo de EEUU destinada por los blancos para ser usada por los nativos. Dicho territorio fue siendo desplazado, poco a poco y por la fuerza, desde los Montes Apalaches hasta lo que hoy es Oklahoma. Por allí nació Sendero Brillante, tal la traducción del nombre originario de este hijo de padre y madre mestizos, criado en la nación aborigen de Sac y Fox, y cuyo nombre remite a la luz que iluminaba el camino hacia el lugar donde nació durante este acontecimiento.

Evidentemente, esa luz que iluminó su nacimiento le dio, como en las historietas de superhéroes, poderes para el deporte. Era un dotado naturalmente. Y no lo digo yo, ojo, lo dice Eisenhower, que además de organizar el desembarco en Normandía y ser dos veces presidente de la nación norteamericana, jugó fútbol americano contra Jim en la universidad[1].

---

[1] Dijo Eisenhower en un discurso en 1961: "...hay personas sumamente dotadas. Mi memoria vuelve a Jim Thorpe...". ¿Qué habrá querido decir?

El fútbol americano era el deporte preferido de Thorpe. Empezó a practicarlo al ingresar al Carlisle Indian Industrial School, un colegio creado para "americanizar" a los mal llamados indios. Allí se intentaba borrar su pasado nativo y se les enseñaban las buenas costumbres, el idioma y la religión de los civilizados, mediante métodos igualmente civilizados que incluían distintos tipos de abusos. Comenzó la práctica luego de que hubieran fallecido ya su madre, padre y hermano gemelo y llegó a llevar al "equipo de los indios" a ganar el Campeonato Nacional Universitario.

Sin embargo, su mayor logro deportivo llegó de la mano del atletismo, deporte que practicaba en paralelo. Fue en los Juegos Olímpicos de Estocolmo 1912, en los que participó en las novedosas pruebas de pentatlón y decatlón.

El pentatlón consistía en salto en largo, lanzamiento de disco y de jabalina; y carreras de 200 y 1500 metros. Jim ganó cuatro de dichas competencias, quedándose cómodamente con la medalla de oro.

Luego participó del decatlón, que incluía salto en largo, en alto y con garrocha; carreras de 100, 400 y 1500 metros llanos y 110 metros con vallas, además de lanzamiento de disco, martillo y jabalina. Thorpe, obviamente, se volvió a quedar con el oro. Recibió esta medalla de manos de Gustavo V, rey de Suecia, quien le dijo con la habitual grandilocuencia sueca: "Usted es el atleta más grande del mundo". Y tenía razón Oscar Gustavo Adolfo; en ese momento, Wa-Tho-Huk era el atleta más completo del mundo.

Pero no todas iban a ser rosas para este descendiente de los pueblos originarios de América. Parece que Thorpe había jugado algunos partidos de béisbol en los que había recibido unos pesos y eso lo convertía en un profesional, lo que le impedía participar de los amateurs JJOO. Aparentemente, muchos universitarios hacían lo mismo pero usaban seudónimos para no ser sancionados, tradición gringa que sus maestros de buenas costumbres "americanas" no llegaron a enseñarle al bueno de Jim. El hecho fue denunciado por un diario meses después de los Juegos, lo que llevó a que el COI (Comité Olímpico Internacional) decidiera retirarle las medallas, pese a que reglamentariamente no correspondía.

Así es que Jim abandonó el amateurismo y se dedicó al profesionalismo. Jugó al béisbol para los New York Giants, entre otros, y al fútbol americano para los Canton Bulldogs. Con estos últimos ganó los títulos de la Liga de Ohio de 1916, 1917 y 1919. Dicha liga daría origen, en 1920, con el equipo de Thorpe como uno de los catorce miembros fundadores, a la American Professional Football Association, que se convertiría dos años más tarde en la NFL (National Football League). Jim fue el primer presidente de la APFA ese año, además de ser jugador y entrenador de los Canton.

Al año siguiente fue convocado por Walter Lingo para jugar en los Oorang Indians y abandonó los Bulldogs. Walter Lingo era un criador de perros que había estado desarrollando una raza de Airedale Terrier más fuerte, llamada King Oorang, lo que él consideraba "el perro más grande del mundo all-around", una especie de mejor perro libra por libra. Para promocionar su creación compró por cien dólares una franquicia en la incipiente NFL y armó un equipo itinerante que iba jugando por distintas ciudades, conformado completamente por jugadores nativos americanos y comandado justamente por el mejor atleta all-around del mundo: Jim Thorpe.

Los Oorang Indians participaron de la NFL las temporadas de 1922 y 1923 con pobres resultados deportivos pero seguramente un buen rédito económico: cada perro costaba ciento cincuenta dólares, 50% más que lo que había costado la franquicia. Mientras, los Bulldogs, el ex-equipo de Jim, ganaban los títulos de esos dos años, estableciendo un invicto de veinticinco partidos, marca que persiste hasta la actualidad.

Así es que Jim nunca pudo ser campeón de la NFL, pero sí tiene el récord de haber jugado para la franquicia que representó a la ciudad más pequeña en la historia de la NFL: Marion, en Ohio, por entonces con una población de menos de mil habitantes, donde el equipo llegó a jugar un solo partido como local.

También por entonces, los Indians inauguraron lo que hoy vale miles de dólares el segundo durante el Super Bowl: los primeros half-time shows de la historia. Danzas tribales, perros desfilando y hasta un jugador del equipo, Nick Lassa (más conocido como "Long Time Sleep" por su dificultad para levantarse a la mañana), peleando contra un oso, posibilitaron que hoy día Madonna, Justin Timberlake y otros se llenen de oro por hacer unos minutos de playback.

Dos años duró la aventura de los Indians. Luego de vagar errante por otros clubes, Jim se retiró en 1928, jugando un partido para los Chicago Cardinals, uno de los dos fundadores de la NFL que aún hoy continúan jugando bajo el nombre de Arizona Cardinals.

Su versatilidad sin igual para los deportes le permitió jugar también básquet en los World Famous Indians, otro equipo itinerante que llevaba la causa indígena como bandera (o como forma de subsistencia, vaya uno a saber).

Su retiro del deporte coincidió con la Gran Depresión en EEUU, por lo que terminó trabajando de distintas cosas para ganarse la vida, entre ellas de extra en películas. Así comenzó a caer por la inclinada pendiente de los ídolos populares hasta su muerte en 1953, con la fiel compañía de la pobreza y el alcohol.

Con el tiempo fue ingresando en todos los salones de la fama y hasta se hizo una película sobre su vida. Finalmente, en 1983, el burócrata COI revirtió su decisión tomada setenta años antes y le devolvieron las medallas ganadas en los Juegos Olímpicos de Estocolmo. En 1999, la Cámara de Representantes de EEUU lo nombró el "Atleta del Siglo de los EEUU". Por primera vez en la historia, el mejor indio no fue el indio muerto.

50. UNA VIDA DE NOVELA

Jorge Montanari

Descensos, ascensos, problemas financieros, ilusiones de buen futbol que no se plasman en lo que otros —la mayoría— llaman éxito. Escándalos, acusaciones, traiciones… En todo eso pensamos cuando alguien pronuncia las palabras "la novela de Huracán". Y un hincha del club del globo de Jorge Newbery agregará, quizás, "esa ya la vi mil veces". Pero no. Hay otra novela de Huracán, la del señor Drummond. No, tampoco, no hablamos del de Blanco y negro. O sí, porque Roberto Drummond, el señor del que estamos hablando, fue un escritor y periodista deportivo fanático del Atlético Minei-ro, club de Belo Horizonte que ostenta esos colores. Drummond tenía tal pasión por el fútbol que murió de un patatús mirando el Brasil Inglaterra de cuartos de final en el Mundial del 2002. Antes de eso, en 1991, había pu-blicado su más famosa novela, Hilda Furacão, que en 1998 sería adaptada a la pantalla chica (nos referimos a la televisión, y no a la tablet o al e-reader, donde no tendría ningún mérito especial adaptar una novela) por el equipo de reyes midas del multimedio "O Globo", más precisamente por Glória Perez, la que podría ser la mal llamada Delia Fiallo[1] brasileña, responsable de éxitos como El clon o El camino de las Indias.

---

[1] Delia Fiallo, cubana, es la autora de Topacio, Cristal, Estrellita mía, Rosalinda, y un millón de telenovelas más.

Así, Hilda Huracán, en su versión doblada para el mundo hispanoparlante, se convirtió en un éxito dentro y fuera del Brasil. ¿Hilda Huracán es un personaje basado en una persona real? Sí. ¿Era deportista? No, prostituta (no estamos agrediendo a nuestra hipotética inquisidora sino respondiéndole que Hilda Huracán, y no necesariamente también ella, se dedicaba a la prostitución). ¿Y qué hace en este libro, entonces? Ahora vas a ver (decimos empezando a desajustarnos la hebilla del cinturón, presos de un simpático machismo).

Hilda Huracán, luego llamada por las malas lenguas "Hilda Buracán", fue antes bautizada como Hilda Maia, poco después de nacer en Recife en 1931. Cuando era aún una niña, su familia se trasladó a Belo Horizonte, donde las hormonas que comenzó a segregar en la pubertad la transformaron en una muy atractiva muchacha. Hilda se volvió una bomba de sensualidad, pretendidísima, y, vaya a saber cómo o por qué, incursionó en el campo de la prostitución. Ejerciéndola, surgió su apodo meteorológico, ya que tenía poca paciencia, se peleaba con clientes o los hacía pelearse entre ellos. Era explosiva, escandalosa, pero tan linda que todos querían estar con ella en el bar donde atendía.

Hasta allí, es decir hasta Belo Horizonte, pero también hasta el bar donde atendía Hilda, y también hasta Hilda propiamente dicha, llegó el joven Paulo Valentim, que era el nuevo delantero estrella del Atlético Mineiro, equipo que contaba con jugadores de nombres tan simpáticos como Kafunga y Mão de Onça. Valentim no había hecho inferiores sino que había trabajado de oficinista hasta que su hermano lo pudo convencer de probarse en un club profesional.

Al conocer a Hilda Huracán, Valentim se enamoró enseguida y, como tenía un gran problema ya desde su juventud por el apego a la bebida, decidió que era más provechoso no ser celoso de la profesión de Hilda, sentarse en el bar a chupar un rato hasta que se liberara un turno y pasar al cuarto de atrás a disfrutar de sus encantos. Las ratas que no tienen nada más que hacer que meterse con la vida privada de los jugadores de fútbol ya existían en aquel entonces y muchas veces los juegos de cartas que Valentim jugaba mientras esperaba terminaban en peleas con tipos que lo provocaban por una u otra cuestión. La dirigencia del Mineiro creyó que un cambio de aire le vendría bien y decidieron venderlo al Botafogo, de Río de Janeiro, en el 57. Allí fue compañero de Garrincha y de Zagallo, y enseguida metería cinco goles, uno de ellos de chilena, en la victoria que le dio al club un campeonato luego de una sequía prolongada.

A esa altura Paulo Valentim ya era novio de Hilda Huracán, pero así como él no dejaba de ser futbolista, ella no dejaba de ser prostituta. Valentim se escapaba de Río en cuanto podía, tomándose el ómnibus a Belo Horizonte para estar con ella. A veces, los directivos del Botafogo tenían que ir a buscarlo para que volviera. El amor crecía, Valentim ganaba más y más fama, y entonces finalmente llegó la propuesta y, con ella, horas muy felices para ambos: se la trajo a vivir a Río y se casaron. El cura, durante la ceremonia, osó darle consejos a ella para que se alejara de todo lo que se pareciera a la vida fácil que había llevado en Belo Horizonte. Valentim, muy acertadamente, se tiró encima del párroco en plena ceremonia y no llegó a trompearlo porque nada menos que João Saldanha (periodista deportivo, manager y DT que clasificó a Brasil al Mundial del 70) pudo frenarlo a tiempo, gracias a que estaba ahí al lado por ser su padrino de bodas.

Paulo Valentim pisó Argentina en 1959, durante la vigésimo sexta (¿cuándo se dejará esa horrible costumbre moderna de usar números cardinales para tapar la ignorancia posmoderna de los ordinales?) Copa América, adonde llegó integrando el plantel con Pelé, entre otros. Allí se agarró a trompadas con media selección uruguaya en el primer tiempo y Boca puso sus ojos en él. En la parte de la historia que más se conoce por estos lares, Valentim se mudó a la Ribera, salió campeón con Boca dos veces y le metió una cantidad impresionante de goles al arquero riverplatense Amadeo Carrizo. Aún hoy día sigue siendo el máximo artillero boquense en superclásicos, con diez goles en siete partidos. La hinchada de Boca, enamorada de él como él de Hilda, acuñó para Paulo el cantito "Tim tim tim, gol de Valentim".

¿Pero dónde estaba Hilda Huracán? Ella estaba al lado del marido, por supuesto. Con Valentim convertido enseguida en ídolo de Boca, la dirigencia alquiló un departamento de lujo para ellos. Hilda comentaba a la prensa que el departamento tenía hasta paredes de terciopelo. Para andar por la ciudad, el matrimonio recibió de regalo un Impala de parte del club, con el que salían a comer a los mejores restaurantes. Valentim, muy alto, de raza negra, nunca pasaba desapercibido. Las mieles seguían cosechándose y Valentim e Hilda pronto fueron padres: nació Ulisses, quien fue criado con el castellano como primera lengua. Hilda asistía religiosamente a la Bombonera, donde veía los partidos en el palco de honor y era considerada "primera dama" del club.

Pasaron pocos años y, no se conoce bien el orden de las causas y las consecuencias, pero el nivel de Valentim decayó, la hinchada empezó a perder la paciencia, y Valentim volvió al juego, al alcohol, a las peleas y al escándalo.

En el 64, marginado de la nueva gira de Boca, fue entrevistado por El Gráfico, donde contó que sabía que estaba jugando peor y que la fama del ídolo era así de pasajera, pero todavía se sentía tranquilo. Mencionaba ocho departamentos de su propiedad en Copacabana, ropa, alhajas, y que Hilda podía vestirse seis meses seguidos sin repetir un vestido. Llovían buenas ofertas pero Boca pedía mucho por su pase. Todo se fue diluyendo bastante rápido.

Hilda lo aconsejó y lo apoyó para que aceptara una oferta del São Paulo, mientras lo esperaba en Buenos Aires para no afectar tanto la crianza de Ulissesito con un cambio de país. En menos de un año, los paulistas lo mandaron de vuelta. Valentim se sentía desmotivado y sin salida, pero la mujer que tenía al lado no se había achicado frente los borrachos pendencieros en los piringundines de Belo Horizonte y tampoco se iba a achicar ahora ante las dificultades de su marido. Haciendo las veces de representante, logró conectarlo y convencerlo para jugar en el Atlante de México. Esta vez no lo iba a dejar solo. Hicieron valijas, jugador, esposa e hijo, y se fueron todos juntos para disfrutar de un contrato suculento que incluía nuevamente un auto de lujo. Pero el fútbol ya no acompañó. La bebida, la edad, la impaciencia de la hinchada, todos los caminos condujeron rápido al fracaso. Hubo un intento por pasar al Acapulco, pero se frustró. El dinero se había acabado, no sólo el del contrato sino también el de las inversiones que había sabido hacer en su momento, y Paulo Valentim tuvo que aceptar, urgido, un puesto como trabajador en el puerto mexicano durante un tiempo. Ya con 36 años, Argentino de Quilmes lo contrató desde la B, pero no pudo ni llegar a debutar. En ese momento, el alcoholismo lo tenía ocupado a tiempo completo.

Hilda siempre permaneció estoica junto a él. Probó suerte ya fuera del fútbol por varios lugares. Amigos e incluso viejos rivales como Amadeo Carrizo le prestaron plata. Finalmente, estando en Brasil, unos amigos de allí hicieron una vaquita para que el matrimonio pudiera volver a Buenos Aires, con la idea de que Valentim agarrara algún equipo para dirigirlo. En 1978, Boca le ofreció un puesto de ayudante en las inferiores del club. Paulo, Hilda y Ulisses vivían prácticamente en la pobreza, aunque el club les había conseguido un lugar para quedarse, ya no lujoso como el de antaño. Valentim lo metió a Ulisses en las inferiores de Boca, pero el pibe no tenía talento para el fútbol. Poco después, como Paulo tampoco lograba progresos conduciendo al equipo juvenil y seguía acumulando problemas a causa del juego y la bebida, se quedó de nuevo sin trabajo. Allí, la familia empezó a vivir de prestado, deambulando por Buenos Aires, por casas de boquenses que no querían ser indiferentes a la desgracia del otrora ídolo. Ulisses empezó a trabajar y fue el único sustento de los tres, hasta que en 1984, con sólo cincuenta años, Paulo Valentim murió a causa del alcohol. Su entierro fue pagado por Boca Juniors, y los hinchas conmovidos con la noticia lo despidieron en forma multitudinaria.

¿Pero qué pasó con Hilda Huracán? Poco se sabía del devenir de la mujer que jamás había pasado desapercibida. Envejecida, dependía de su hijo Ulisses que, casado con una argentina, nunca dejó sola a su madre. Mientras tanto, como personaje, Hilda Huracán volvía a la "A" en Brasil gracias a Drummond y a O Globo, y hasta llegó a convertirse en musical en el teatro brasileño en el 97. Pero Hilda Huracán persona vivía en una casucha en la Argentina y ni se enteraba de ello. Ya en la década del 2010, Ulisses había sido diagnosticado con una diabetes grave y hasta había intentado suicidarse. La diabetes finalmente lo arrancó de este mundo en el 2013.

Hilda se fue a vivir con la viuda de Ulisses, pero su salud estaba muy deteriorada y, tras encontrarla en el suelo dos veces luego de volver del trabajo, la nuera, sin recursos para pagar una compañía permanente, la llevó al hogar de ancianos Guillermo Rawson, en el barrio de Barracas, donde Hilda Huracán pasó meses internada con pena y sin gloria. Allí fue cuando, dos o tres meses nomás antes de la escritura de este capítulo, una asistente social brasileña, haciendo una pasantía en el asilo, se topó con Hilda de casualidad y, tras ver sus documentos, entendió quién era. La noticia no pasó desapercibida en Belo Horizonte, donde la prensa se revolucionó rápidamente y hasta mandaron equipos periodísticos para entrevistarla, para sorpresa del doctor Stolbizer, director del hogar Rawson. La entrevista reveló a una Hilda Huracán añosa y con momentos de lucidez muy esporádicos, confundiendo datos conocidos y revelando otros que cuesta decidir si pueden ser confiables o son sólo fruto de su estado de confusión. Así y todo, contó que adonde jugaba Boca ella iba, porque Alberto J. Armando adoraba a Valentim y ella era la única que contaba con el viaje asegurado. De esa manera había conocido veinticinco países.

La mismísima Glória Perez tuiteó en julio de 2014 que si Drummond se enterase de la aparición de Hilda, adoraría la noticia. Otros tuiteros desconocidos, en cambio, llegaron hasta descreer de la novedad, tejiendo teorías que aseguraban que la verdadera Hilda había muerto en el interior de Minas Gerais en 1995. La viuda de Drummond decía estar conmovida sobre todo porque Hilda ignoraba el revuelo causado en Belo Horizonte por su aparición, mientras que varios parientes en Brasil, tanto de ella como de Paulo Valentim, pedían traerla de regreso a Belo Horizonte antes de que la noticia pasara de largo e Hilda quedara otra vez abandonada. Así, el huracán de belleza y bravura que sacudió los bares mineiros hace más de cincuenta años, y que luego fuera imán de paparazzis argentinos en el momento de esplendor de Valentim, volvía, desde una sillita en un asilo y con una cartera siempre a mano donde guardaba un manojo de fotos viejas y de documentos, a hacer que el aire se mueva formando un remolino.

ÍNDICE

Este libro se terminó de imprimir en ....

www.ingramcontent.com/pod-product-compliance
Lightning Source LLC
Chambersburg PA
CBHW022004170726
47994CB00022B/2044